富を「引き寄せる」科学的法則

ウォレス・ワトルズ
山川紘矢＋山川亜希子＝訳

角川文庫 14968

The Science of Getting Rich
by Wallace Wattles

Translated by Kouya and Akiko Yamakawa
Published in Japan by
Kadokawa Shoten Publishing Co., Ltd.

富を「引き寄せる」科学的法則　目次

はじめに

この本の内容は抽象的な理論ではなく、実践的なものです。理論の説明ではなく、実用的な「手引書」です。この本は、お金がいますぐ必要だという人々のためのものです。つまり、まず、お金持ちになりたい、理論は後から学べばいいという人々のための本です。また難しい理論を深く勉強する時間や方法や機会がない人々のための本です。まず結果を手に入れたい人、結論に至るまでの過程を気にしないで、良い結果を手に入れたい人、行動の基本として、科学的な結論を知りたい人々のために書いた本です。

どうか、読者の皆さんは、私の書いていることが正しいことだと信じて下さい。たとえば、電気の法則に関してマルコーニやエジソンが発表した説のようなものだと思って下さい。この本に書いてあることを絶対的に信じ、恐れや躊躇《ちゅうちょ》を捨て、まず実行してみれば、その正しさを証明することができるでしょう。これを実行する人は誰もがまちがいなくお金持ちになれます。この本に書かれていることは科学そのものですから、失敗することはありません。もちろん、さまざまな哲学理論をもっと深く研究し、信ずるために、理論的な根拠が欲しいという人たちには、同じことを言っている有名な思想家を紹介しておきましょう。

宇宙一元論――宇宙に存在する物質はただ一つのもので、それがこの物質界において、多くのものに姿を変えている――という、もともとはヒンズー教から始まった考え方がここ二百年の間に徐々に西洋社会に受け入れられるようになりました。この宇宙一元論はあらゆる東洋哲学の基礎となっていますが、デカルト、スピノザ、ライプニッツ、ショーペンハウエル、ヘーゲル、エマーソンたちの思想の基礎ともなっています。哲学的な理論をさらに掘りさげて研究したいという読者には、ヘーゲル、エマーソンの本を読むように、お勧めします。

この本を書くにあたって、私はやさしく書くことに努めました。すべての人に理解していただきたいからです。ここに書かれている「行動計画」は十分に検証され、実際に試されました。そして実際に効果があるという結果がでています。もし、どのような過程でこうした結論が得られたかを知りたければ、先にあげた思想家の著書をお読み下さい。

もし、彼らの理論を実践して成果を得たいと思うのであれば、ぜひこの本を読んで、書いてあるとおりに実行して下さい。

第1章　お金持ちになる権利

貧しいことはいいことだ、などとどんなに言われていようと、そもそもお金がないことには、満ち足りた人生や、成功した人生を送ることはできません。もし十分にお金がなかったら、もって生まれた才能や精神的な素質を最大限に発揮することはできません。魂を開花させ、才能を伸ばすためにはいろいろなものが必要です。もし、お金がなければ、こうした必要なものを手に入れることができません。

人が心と魂と体を成長させるためには、いろいろなものが必要です。そして、こうしたものを手に入れるためにはお金がいるように、私たちの社会はできているのです。

ですから、すべての人類が進歩するための基礎となるものは、お金持ちになる科学なのです。

すべての命の目的とは進歩することです。生きているものはみな可能な限り成長する権利があります。それは誰にも譲ることのできない権利です。

人間にとって生きる権利とは、心と魂と体を十分に開花させるために必要なものすべてを、自由に無制限に使うことのできる権利のことです。言い換えれば私たちにはお金持ちになる権利があるのです。この本においてはお金持ちという言葉を比喩《ひゆ》的な意味で使っているのではありません。お金持ちであるということは、少ないもので満足することではありません。もっと多くのものを手に入れて楽しむことができる時に、少しのもので満足してはなりません。万物の目的は成長し開花することです。人は誰でも生命の力や気品、美しさや人生の豊かさを得るために役立つものすべてを、持つべきなのです。

思いどおりの生活を送り、欲しいものをすべて手にしている人がお金持ちです。お金が潤沢になければ、欲しいものすべてを手に入れることはできません。文明は発達し、とても複雑になってきています。ごく普通の人でさえ充実した人生を送るためには、非常に沢山のお金が必要です。人は誰でも自分の能力の許す限り、自分のなりたいものになる権利があります。この内なる可能性を実現したいという願望は、人が生まれた時から持っているものです。人生における成功とは、自分がなりたいものになるということです。なりたいものになるためには、様々なものが必要です。そして、十分なお金がなければ必要なものを自由に買うことができません。従って、お金持ちになるための科学を理解することこそ、最も大切な知識なのです。

お金持ちになりたいと思うことは決して悪いことではありません。お金持ちになりたいと望むことは、人生をより豊かに、より充実し、より実りある人生にしたいと願うことであり、それは称賛されるべきことです。もっと豊かになりたいという願望がない人はあまりいません。自分が欲しいものを買うための十分なお金を欲しいと思わない人は、まだ自分の可能性を十分に生かしていないのかもしれません。

私たちの人生には三つの課題があります。体と心と魂です。この三つのうちのどれかが他の二つよりも、より良いとか、より神聖であるとかいうことはありません。それぞれが大切です。他のどれか一つが十分に生かされず、また十分に表現されていない時、体も心も魂も十分に生き、楽しむことはできません。心や体を否定して、魂だけのために生きるのは正しくもなければ、気高い考え方でもありません。また知性のみを重視して、体や魂を否定するのも誤りです。

心と魂をないがしろにして、肉体のためだけに生きれば、惨たんたる結果になることは誰もがよく知っています。本当の人生とは体と心と魂を使って、与えられた命を完全に表現することです。体がそのすべての機能を十分に活動させて生きていなければ、幸せになることも満足することもできません。そして心や魂についても同じことが言えます。完全に発揮されていない可能性や実現されていない能力があると、必ず満たされない願望が残ります。願望とは、表現されたいと願っている可能性であり、遂行《すいこう》されたいと願っている目的なのです。

人は十分な食べ物と着心地の良い衣服と暖かな住まい、そして過酷な労働からの解放がなければ、体を十分に生かすことはできません。体のためには十分な休息とレクリエーションも必要です。

また、書物や読書をするための時間や、旅行や観察をする機会、あるいは知的な会話をする仲間がいなければ、知的な面で十分に生きることはできません。心を十分に生きるためには、知的な娯楽が必要であり、工芸品や美術品を身のまわりに置いて、使ったり、鑑賞したりすることも欠かせません。

魂を生き生きと十分に活動させるためには、愛がなければなりません。貧困にあえいでいたのでは、愛を十分に表現することはできないでしょう。

人間の最大の幸福は、自分の愛する人に利益（愛）をもたらすことです。愛の最も自然で自発的な表現は「与える」という行為です。与えるものを何も持っていなければ、夫や父親として、あるいは市民として、人間として、自分の役割を十分にはたすことができません。

物質的なさまざまなものを利用するからこそ、人は体を十分に活躍させ、心を発達させ、魂を開花させることができるのです。ですから、お金持ちになるということは、何よりも大切なことなのです。

お金持ちになりたいと思うことは、完全に正しいことです。あなたが普通の人間であれば、お金持ちになりたいと思うのは、当然です。あなたが「お金持ちになるための科学」に強い関心を示すことは、全くもって正しいことなのです。この学びこそ、全ての学習の中で最も貴く、最も必要なことだからです。もしこの学習をおこたれば、自分自身と神、そして人類への義務をおこたることになります。

あなた自身を最大限に生かすことこそ、神と人類に対して最大の貢献をすることにほかなりません。

第2章　お金持ちになるための科学

「お金持ちになるための科学」というものがあります。これは代数や算数と同じように厳密な科学です。富を得る過程を支配しているいくつかの法則があります。この法則を学んで、これに従えば、誰でも確実にお金持ちになれるのです。

お金や資産を所有することは、ある「確実な方法」に従って行動する結果として得られます。この「確実な方法」に従って行動する人は、それが意図的であろうと、無意識的であろうとお金持ちになります。また逆にこの「確実な方法」に従って行動していない人は、どんなに一生懸命に働こうと、どんなに有能であろうと、お金に恵まれることはありません。

同じ原因は常に同じ結果を生む、というのは、自然の法則です。ですから、この

「確実な方法」に従って行動しさえすれば、誰もがまちがいなくお金持ちになれるのです。

次の事実を読んでいただければ、この言葉が真実であることがわかるでしょう。

お金持ちになれるかどうかは、環境によって決まるわけではありません。もし環境によって決まるというのであれば、ある地域に住んでいる人は、全員が豊かになることでしょう。ある都市に住む人はみんなお金持ちになり、他の町に住む人は全員が貧乏なままでいることでしょう。ある州の住民はすべてがお金持ちになり、隣の州の人々はみな貧乏であるということが起こるはずです。

ところが現実には、どこでもお金持ちと貧しい人たちが隣りあわせで同じ環境に暮らし、同じような仕事をしています。同じ地域に二人の同業者がいて、片方は貧乏なままなのにもう片方がお金持ちになるとすれば、豊かになれるかどうかは環境によるものではない、ということがわかるはずです。ある種の環境が状況をより好ましくすることはあるかもしれません。しかし、同じ商売の二人が同じ地域に住んでいて、一人はお金持ちになり、もう一人は事業に失敗したとなると、お金持ちになるということは、「確実な方法」に従って物事を行なった結果だと見る方が、当を得ているのではないでしょうか。

そして、さらには「確実な方法」で物事を行なう能力があるのは、ただ単に才能があるからだというわけではありません。なぜなら、非常に才能に恵まれている多くの人々が貧乏のままである一方で、才能に恵まれない人が裕福になることもあるからです。

お金持ちになった人たちをよく観察すると、どこをとっても平均的で、それほど才能や能力に恵まれているわけではありません。彼らがお金持ちになったのは特別な才能や能力を持っていたからではないということは明らかです。それは、彼らがたまたまある方法に従って行動したからなのです。

お金持ちになるのは貯蓄や倹約をした結果ではありません。けちな人々の多くが貧乏であるのに、気前のよい人がお金持ちになることはよくあることです。

また、他人にはできない特別な何かをしたからお金持ちになったというわけでもありません。同じ商売をしている二人がほとんど同じ行動をしたにもかかわらず、一人がお金持ちになったのに、もう一人は貧乏のまま破産してしまうことだってあるのです。

こうしたことをいろいろ見てみると、ある方法に従って物事を行った結果、お金持ちになったのだと考えざるを得ません。

もし、お金持ちになるのはある「確実な方法」にのっとって行動した結果であるならば、どんな男性であっても女性であっても、その「確実な方法」に従って行動できさえすれば、お金持ちになれるはずです。もし、同じ原因が常に同じ結果をもたらすのであれば、それはまさに科学の領域に入ると言えるでしょう。

しかし、ここで疑問がわきます。この「確実な方法」は難しすぎて、ほんの一部の人にしか実行できないのではないか、という疑問です。

ここまで見てきたとおり、生まれつきの能力という点でみる限り、そのようなことはありません。才能のある人がお金持ちになり、また、頭の良くない人もお金持ちになります。頭の良い人がお金持ちになる一方、とても愚かな人もお金持ちになります。体力のすぐれた人がお金持ちになるかと思えば、体が弱く病気がちの人もお金持ちになります。

もちろん、考えたり理解する能力はある程度は必要です。しかし、生まれつきの能力に関して言えば、この本を読んで理解するぐらいの力があれば、誰でも確実にお金持ちになることができます。

すでにお金持ちになるために環境は問題ではないと述べましたが、場所にはいくらかの意味があります。サハラ砂漠のまん中に行って、ビジネスを成功させようという人はいないでしょう。

お金持ちになるためには人とつきあっていく必要があり、つきあう人がいる場所にいなければなりません。しかし、環境が意味を持つのは、それぐらいのところです。もし、あなたの町の誰かがお金持ちになることができるのならば、あなたもお金持ちになれるのです。もし、あなたの州の誰かがお金持ちになることができるのならば、あなたもなれるのです。

もう一つ、何か特定の業種や、職業を選ぶ必要があるということもありません。どんなビジネスでもどんな職業でもお金持ちになることができます。一方、同じ業種や職業についている隣の人が貧乏のままでいることもあります。

「あなたが一番好きなことを仕事にすると一番うまくゆく」ということは本当です。

もし、あなたに特別な才能がある時は、その才能を生かせる仕事につけば一番うまくゆくでしょう。

また、あなたのいる場所に合ったビジネスをするとうまくゆきます。もし、アイスクリームの店をやるのでしたら、寒いグリーンランドでやるより、もっと暖かい気候の場所でやった方がいいでしょう。サケ漁をするのであれば、サケがいないフロリダ州でするより、北西部でする方がうまくゆくでしょう。

しかし、このような一般的な制限は別として、お金持ちになれるかどうかは、あなたがどんな職業についているかということではなく、あなたが、「確実な方法」に基づいた行動を学んだかどうかによります。もしあなたが何か商売をやっていて、同じビジネスを同じ場所でしている人がお金持ちになっているのに、あなたはお金持ちになっていないのであれば、その人と同じやり方をあなたがしていないからです。

資本が足りないからお金持ちになれないのだということもありません。確かに資本があれば、お金を増やすのはもっと楽で、もっと早いことでしょう。しかし、あなたが今、どんなに貧しかろうと、もし、「確実な方法」で事を始め、進めれば、資本も手に入り始めるでしょう。資本を手に入れることは、お金持ちになるプロセスの一部なのです。それは「確実な方法」に従って物事を行う時、必ず起こってくる結果の一つなのです。

もしあなたがアメリカで最も貧しく、多額の負債を負っているとしても、あなたが「確実な方法」にのっとった行動を起こせば、まちがいなくお金持ちになり始めます。

あなたには友人もなく、何の影響力もなく、資本も全くないかもしれません。しかし、もしこの「確実な方法」に従って行動し始めれば、同じ原因は同じ結果を生みますから、必ずお金持ちになります。あなたに資本がなくても、必要な資本が手に入ります。まちがったビジネスについていたとしても、あなたは正しいビジネスにつくことができます。今、まちがった場所にいたとしても、正しい場所に導かれてゆくでしょう。あなたは、今働いている場所で、今やっている仕事を必ず成功をもたらす「確実な方法」に従ってやり始めることによって、それを実現できるのです。

第3章　すべての人にチャンスはある

どんな人にもお金持ちになるチャンスはあります。特別な人が富を独占して、他の人にはそのチャンスが使えないよう、高い垣根をまわりにはりめぐらせているわけではありません。

あなたはある種の業種にはつきたくないと思うかもしれませんが、その時には、別の道があなたのために必ず開かれています。あなたが電力や石油関係の大企業で経営者になるのは、おそらく、とても難しいでしょう。

でも、太陽エネルギーや風力あるいは自然の力を用いた発電事業などはまだ揺籃《ようらん》期にあり、これからますます発展する可能性があります。通信事業や交通の新しいシステム（例えば電気自動車、宇宙旅行、新型の通信システム等）は、あと数年もすれば今は予想もできない別の形になっているかもしれません。これらの産業は大きなビジネスとして発展する可能性があり、何百万という人々の雇用を作りだすことでしょう。あなたの意識を、巨大企業と競争するのではなく、こうした新しい分野の発展に向けたらどうでしょうか。

もしあなたが大きな電力会社で働く一サラリーマンであったとしたら、その会社のオーナーになる機会はほとんどないというのも確かです。しかし、「確実な方法」に従って行動を始めるならば、そんな電力会社などすぐにやめてしまって、一〇エーカーから四〇エーカーほどの土地を買って、自然農法を用いてオーガニックな野菜や果物を生産するビジネスにたずさわることもできるのです。あるいは水耕栽培の分野に進んで栄養に富んだ水溶液を用いて、狭い土地で高収益をあげる集約農業を行なうこともできます。現在は限られた土地を用いたオーガニック農業に大きなビジネスチャンスがあります。土地を手に入れることなど自分には不可能だと言うかもしれません。しかし、そんなことはありません。「確実な方法」を使って働くようになれば、あなたは必ず土地を手に入れることができるでしょう。

チャンスの波は時期によって、全体の需要やその時々の社会の発展段階に応じて、違う方向に向かって流れています。現在アメリカにおいては、地方に、そして分散化されてゆく産業に波が向かっています。ホワイトカラーよりはむしろ、有機農業やハーブ生産の分野にチャンスがあります。すでにある会社のつまらない役員よりは、新しいエネルギーやエコロジー産業の方により多くのチャンスが開けているのです。流れに逆らって泳ごうとせずに、流れに乗ってゆく人たちには、あり余るほどのチャンスが待っています。

サラリーマンが個人としても全体としても、機会が奪われているというわけではありません。労働者が親方に抑圧され、大企業や複合資本に搾取されているというわけでもありません。集団として彼らは「確実な方法」によって行動していないために、その地位に甘んじているだけです。

労働者階級の人であっても「確実な方法」に従って行動するようになれば、経営者になることができます。富の法則は他のすべての人々と同様に労働者にも当てはまるからです。労働者は今までと同じような仕事の仕方を続ける限り、労働者のままでいることでしょう。しかし、一人ひとりの労働者は、労働者全般に見られる無知や無気力に甘んじている必要はありません。彼らもチャンスの波に乗り、お金持ちになることができます。本書ではどうしたらお金持ちになれるかを教えます。

富の全体量が不足しているために、貧しい人がいるわけではありません。私たちのすべてに行きわたる以上の富は存在しているのです。アメリカ一国から産出される建築材料を使うだけで、ワシントンの国会議事堂なみの大きさの大邸宅を世界中の家族が建てることができます。アメリカで集約栽培をすれば、世界中の人々の衣類をまかなうのに十分な羊毛、綿、麻、絹を生産することができ、世界中の人々を養えるだけの食糧も生産できるのです。「すでに私たちの目の前にあるもの」は実際に無尽蔵なのです。そしてさらに、「まだ目に見えないもの」は、それこそ無限に与えられています。

この地球上で目にするものはすべて原初の物質、あらゆるものの元となっているものからできています。新しい物質（形）が常に生まれ、古い物質（形）は消滅しています。しかし、形あるもののすべては一つのものからできています。

形のないもの、つまり原初の物質は無尽蔵に存在します。宇宙は形のないもの、つまり原初の物質からできていますが、原初の物質が宇宙を作るためにすべて使いはたされたわけではありません。この原初の物質――形のないもの――すべてのものの原料は、目に見える宇宙や、宇宙と宇宙の間の空間のすみずみにまで広がり、その空間を満たしています。さらに宇宙を一万個作ったとしても、この宇宙の原料はまだなくなることはありません。

ですから、全体に行きわたるには十分ではない、つまり自然には限りがあるからという理由で、人々が豊かになれないということはありません。

自然は限りない豊かさの宝庫であり、その恵みはつきることはありません。「原始物質」は生きていて、創造のエネルギーを持ち、たえず多様な形を生み出しています。もし建築資材が使いはたされてしまったとしたら、さらなる資材が生み出されるでしょう。もし土壌が疲弊して食糧や衣類の原料が育てられなくなったとしても、土が再生されるか、新たな土壌が作られることでしょう。たとえ、金や銀がこの地球から掘りつくされても、まだ人類が金や銀を必要とする発展段階にあれば、形のないものから、新たに金や銀が作り出されることでしょう。形のないものは人類の要求に応《こた》え、良いものをもたらし続けることでしょう。

これは人類全体にとってもあてはまります。人類は全体として常に十分に豊かであり、もし個人が貧しいのであれば、それは人々が、個人を豊かにする「確実な方法」で行動していないからです。

この形のないものは知性をもっています。それは思考するものです。それは生きていて、常に、その生をさらに充実させたがっているのです。

今以上に充実した人生を生きたいと願うのは、命あるものに本来的に備わった自然な衝動です。自らの境界を広げ、より豊かな表現を見つけるために、それ自身の意識の質を高め、拡大したいという思いは、知性の自然な姿なのです。宇宙に存在するさまざまな形あるものは、自らをあますところなく表現しようとする「無形の生きた物質」から、望ましい形となって生み出されたものなのです。

宇宙はひとつの大きな命をもった存在であり、常に生き生きとした生命活動と、より充実した機能を働かせようとしています。

自然は生命が進化するために形づくられたものであり、その目的は生命を繁栄させることです。そのために生命活動に役立つものは、豊かに与えられています。神が自己矛盾していて自らの創造を無に帰そうとしないかぎり、不足するということは起こりません。

富が不足しているためにあなたがずっと貧しいままである、ということもありません。では、「確実な方法」に従って考え、行動すれば、誰もが形のない物質という資源を自由に活用することができることを、次の章でもう少し詳しく説明しようと思います。

第4章　お金持ちになるための基本原則

形のない物質から目に見える富を作り出すことのできる唯一の力が思考です。万物の源は思考する無形の物質です。この無形の物質の中に思い描かれた形が現実の形として生み出されるのです。「原始物質」は自らの思考によって動きます。自然界で見られるあらゆる形象と変化の過程は「原始物質」の思考が目に見える形に表現されたものです。「原始物質」がある形を考えた時、「原始物質」はその形を作り出します。「原始物質」が動きを思考すると、動きを生み出します。このようにして、すべての物が創造されました。私たちの住む世界は、思考によって生み出されたものであり、この世界は思考によって生み出された宇宙の一部なのです。

運動する宇宙という思考は、形のない物質のすみずみにまで広がっています。その思考から惑星体系が生まれ、その形を持続し続けています。「思考する物質」はその思考のとおりの形となり、思考の思うとおりに運動します。太陽のまわりを回転させようという思いがあったからこそ、そのような天体が形成され、今もその思い通りに、天体群は動いているのです。

形のない物質が木を創る時、それがゆっくりと育つ木であれば、その仕事を完成させるまでには何世紀という時間がかかるかもしれません。

創造活動をする時、形のない物質はみずからの定めた法則にしたがって動きます。一本の樫《かし》の木を思い描いただけですぐに大樹が形成されるわけではありませんが、定められた成長の法則にしたがって、樹木を創る力が活動し始めます。「思考する物質」の中で思い描かれた形は、ほとんど必ず、定められた成長と活動の法則にしたがって、現実の形へと創造されます。

あるデザインの家を建設しようと考えたとしましょう。その考えは「無形の物質」に伝えられ、そこに刻み込まれます。しかし、思い通りの家がすぐ現れるわけではありません。でも、すでにその分野で活動している創造のエネルギーをそこに向けることによって、あっという間にその家が建つかもしれません。たとえ、そうした分野の創造のエネルギーがまだ存在していなくても、原材料を生み出すゆっくりとしたプロセスを待たずに、今ある材料を使って家を建てることもできます。

いかなる思考も「原初の物質」に刻み込まれると、必ず形となって創り出されます。人間という存在は思考の中心であり、人はものを考え出すことができます。人間の手で作り出される形はみな、最初は必ず人間の頭の中で考えられています。その形や物を思いつかなければ、私たちはそれを形づくることはできません。

これまで人間は、自分の手を使ってものを作り出すことだけを努力してきました。すでに存在するものを変えたり、修正したりすることに力を注いできました。形ある世界だけに自分の労力を費やしてきたのです。自分自身の思考（思い）を「原初の物質」に放射して、新しいものを創造するということには、考えがおよびませんでした。

人がものを作ろうとする時、彼は自然の中から材料をかき集めてきて、自分が心に思い描いたものを作っていました。人は、これまでのところ、何かを作り出すために〈宇宙の叡知《えいち》〉と協力する努力、つまり、〈神と共に働く〉ということを知りませんでした。「神がなさること」を自分もできるとは夢にも思ってみなかったのです。人は手を使って、すでに存在するものの形を変えたり、作り直したりすることができるだけだと思っていたのです。自分が思い描いたことを〈宇宙〉と対話しながら作り出すことができるなどと、考えたこともありませんでした。私は、それができるのだ、誰にでもそれができるのだということを証明し、そのやり方をお教えしたいと思います。

まず最初に三つの基本的提案をします。

第一に、この世は、たった一つの目に見えないものからできていて、すべてのものはこの同じ一つのものからできているということです。見た目には様々に違って見えるものも、一つのものが違う形になってあらわれているだけです。自然の中にあるあらゆる有機物と無機物はすべて同じものからできていて、ただ形が異なるだけなのです。

第二に、この物質は「思考する物質」であり、そこに思考が伝えられると、現実に形となってあらわれます。「思考する物質」の中にある思考が形を生み出すのです。

第三に、人間は思考の中心であり、新しい独創的な思考を生み出すことができます。もしも、自分の思いを〈宇宙〉へ伝えることができれば、私たちは自分が考え出したものを造り出し、形にすることができるのです。これを要約すると次のようになります。

一、この世に存在するすべてのものを作っている「思考する物質」があります。この「思考する物質」は、その原始の状態において、宇宙空間のすみずみにまで広がり、浸透し、宇宙全体に充満しています。

二、この「思考する物質」（宇宙）の中にある思考は、その思考がイメージしたものを作り出します。

三、人間はさまざまなものを思考し、それを〈宇宙〉へと発信して、自分が考えついたものを形あるものとして生み出すことができます。

私はこの原則が正しいことを理論の面からも経験からも証明することができます。形と思考をめぐる現象をさかのぼって追求してゆくと、一つの根源的な「思考する物質」に行きあたります。そしてこの「思考する物質」の行方をつきとめてゆくと、すべてのものは人間の思考の力によって作り出すことができるのだという結論に導かれます。

実際にこれを試してみることによって、私はこの理論が正しいとわかりました。私の体験こそが、なによりの証拠です。

もし、私の本を読んでその内容を実践して、ひとりでも、お金持ちになった人がいれば、私の説をサポートする有力な証拠です。さらに言えば、私の言っていることを実践したすべての人がお金持ちになったとしたら、同じことをして失敗する人があらわれない限り、私の説は正しいということになります。同じやり方で失敗する人がでたら、この理論は正しくない、ということになりますが、私の言ったとおりにした人はみんなお金持ちになることはまちがいありませんから、私のこの理論は正しいということになります。

私は誰もが、この「確実な方法」に従ってものごとを行なえばお金持ちになれると言ってきました。そのためには「確実な方法」に従って思考できるようにならなければなりません。人の行動の仕方は、その人がものごとをどのように考えているかということに、直接つながっているのです。

思いどおりの方法でものごとを行なうためには、思いどおりに考える術《すべ》を身につけなければなりません。これこそがお金持ちになるための第一歩です。

自分が思いたいように思考する、ということは見えるものだけにまどわされないで、「真実」を思考するということです。

自分が思いたいように思考する能力は誰もが生まれながらにもっている力です。しかし、そのためにはものごとの外見にとらわれて思考する場合よりも、ずっと大きな努力が必要です。外見だけを見て思考することは簡単です。しかし、外見にまどわされずに真実を把握し、思考することは大変な努力を必要とします。他のどんな仕事よりも、ずっと大きな努力と力のいることなのです。

継続して考え続けるという活動ほど、ほとんどの人が避けたがっている作業はありません。これこそ世の中で一番大変な仕事です。特に真実が外側と相反する場合は、大変です。目に見える世界の現象は、見る人の頭の中にそのことが正しいという思いを生みだします。それを避けるためには、「真実」を発見し、思考し続ける必要があります。

病気という外観を目にすると、あなたの心の中に病気という思いが刻まれ、最終的にはあなたも病気になってしまいます。そうならないためには、病気などないのだ、病気とは単なる仮の姿で、本来の姿は健康であるという真実を保持しつづけることが必要です。

貧困な状態を見れば、あなたの心の中にそのような形が刻まれます。そうならないように、本当は貧困などはないという真実を保持しなくてはなりません。あるのは豊かさだけなのです。

病気の時に健康のことを考えたり、貧乏のまっただ中で豊かさを考えるには力が必要です。しかし、この力を獲得すれば、人生の達人《マスター》となれます。マスターとは運命を克服し、望んだものを手に入れることのできる人のことです。

この力を得るためには、あらゆる外見の下に隠れた本質的な事実を理解することが必要です。その本質的な事実とは、すべてのものは同じ一つの「思考する物質」からできている、ということです。

そして、次に、この物質の中にあるすべての思考は形になること、人間は思考を〈宇宙〉へ送りだすことによって、目に見える形にすることができるという事実をしっかりと理解しなければならないのです。

このことがわかると、すべての疑いやおそれがなくなります。なぜなら、私たちは自分が創造したいものを創造できるのだと知るからです。私たちは自分の欲しいものを手に入れ、自分のなりたいものになれるのです。お金持ちになる第一歩として、この章で示した基本的な三つの原則を理解し信じて下さい。重要なことですので、ここでもう一度くり返しておきます。

一、この世に存在するすべてのものは「思考する物質」から作られています。その「思考する物質」は、その原始の状態において、宇宙空間のすみずみまで広がり、浸透し、宇宙全体に充満しています。

二、「思考する物質」（宇宙）の中にある思考は、それが思い描いた（イメージした）とおりのものを作り出します。

三、人はさまざまなものを考え、それを〈宇宙〉へと発信し、それを形あるものとして生み出すことができます。

宇宙はたった一つの同じものからできている、という概念以外の宇宙の定義はすべて、頭の片隅に押しやって下さい。宇宙はたった一つの同じものからできている、という概念が心に根づき、それが当然のことと思えるまで、思い続けて下さい。ここにあげた原則を何度もくり返し読みましょう。すべての語句を記憶にきざみ、その語句について瞑想《めいそう》し、それらをしっかりと信じられるようになって下さい。もし疑いの念がやってきたら、それは罪なこととしてふりはらって下さい。この考えに反するような議論に耳を貸してはなりません。これと矛盾する概念を説く教会やセミナーには出かけてはなりません。他の考えを教えている雑誌や本は読まないようにしましょう。信じる心がぐらついてしまうと、あなたの努力は無駄になってしまうからです。

なぜ先の三つの原則が真実であるのかを聞く必要はありません。どうしてこんなことが真実なのだろうかと疑う必要もありません。ただこれを信じて下さい。

お金持ちになる科学は、この信条を絶対的なものとして受け入れることから始まるのです。

第5章　もっと豊かに、もっと幸せに

人は貧しくあるべきだと主張する神、人は貧困の中にいてこそ、神の目的に奉仕できるなどといった、すり切れた古い考えは、きっぱりと捨てて下さい。

この世のすべてであり、すべてのものの中にある知性ある物質、つまり神はあなたの中に存在しています。神とは意識を持って〈生きている物質〉です。この意識を持った生きている物質はすべての知的生命にその命を増大してほしいという自然で本質的な願望を持っています。命あるものはすべて、みずからの命を常に増大しなければなりません。なぜなら、生きるということは、単に生き続けるというだけでなく、みずからを増大させなければならないからです。

一粒の種子が地に落ちれば、芽を出して活動します。そして、生きるという行為に

よって百粒の種子を生産します。命は生きることによって、自分自身を増やし続けてゆくのです。永遠に増え続けようとします。存在し続けるためには、そうせざるをえないようになっているのです。

〈知性〉も同様に、たえず発展してゆくものです。私たちが何かを思考すると、そこから新たな思考が生まれます。意識は常に広がってゆきます。ひとつを学べば、必ず他のことも学ぶようになり、知識はつぎつぎに増えてゆきます。ひとつの才能を伸ばせば、別の才能も伸ばしたくなります。私たちは命の衝動につき動かされているのです。このさらなる発展をしたいという強い衝動を表現しようとして、私たちはもっと知識を深めたい、もっと行動したい、もっと自分を高めたいと促されているのです。

もっと沢山のことを知り、もっといろいろなことをやり、もっと自分を高めるためには、もっと多くのものを手に入れなければなりません。学ぶにしても何かをするにしても、何かになるにしても、多くのものを利用しなければならないからです。充実した人生を送るためには、お金持ちになることが必要です。

豊かになりたいという欲望は、わかりやすくいえば、充実した豊かな生活を実現する能力です。どの欲望も、まだ隠されている可能性を発揮するための努力なのです。

あなたの欲望をあとおししているのは、自己実現をしたいと願う力なのです。

あなたがもっとお金持ちになりたいと思う理由は、植物が成長しようとする理由と同じです。命がより完全な表現を求めているのです。


〈唯一の生きた物質〉はすべての命に共通な法則に従い、もっと繁栄したいという欲求に満ちています。そのために、さまざまなものを生み出さずにはいられないのです。この物質のエネルギーはあなたの中にもあり、あなたがもっと繁栄するように望み、あなたに必要なあらゆるものを手に入れて欲しいと願っているのです。


あなたがお金持ちになることを神は願っています。それは、あなたが多くのものを持てば、神はあなたを通して、自身をよりいっそう豊かに表現できるからです。あなたが資力に恵まれていればいるほど、神はあなたを通して自己を表現できるのです。

宇宙は、あなたに欲しいと思うものは何でも手に入れて欲しいと願っています。自然はあなたの計画を喜んで応援してくれます。あらゆるものは、本来あなたのためにあります。それが真実であることを肝に銘じて下さい。

しかし、そのためには、あなたの目的とするところが、万物の目的と調和しなければばなりません。

肉体的歓《よろこ》びや感覚的な満足感のみを求めないで、本物の人生を求めて下さい。生きるとは機能を働かせることであり、肉体的、精神的、霊的な持てる機能をバランス良く発揮させることによって、充実した人生を送ることができるのです。

お金持ちになることは、本能のおもむくままに生きることではありません。動物的な欲望を満たすためであれば、それは本当の人生ではありません。

もちろん、生きるためには体のあらゆる機能が働かなければなりません。体の欲求を自然で健康的な形で発揮させなければ、豊かな人生とはいえません。

お金持ちになる目的は、ただ精神的な喜びを得、知識を増やし、野心を満たし、他人を凌駕《りょうが》し、有名になることではありません。これらも人生の重要な一部ではありますが、知的な喜びだけのために生きている人は片よった人生しか得られず、自分の運命に満足することはできないでしょう。

お金持ちになる目的は、ただ人々の幸せを願い、人類の救済に尽くし、慈善活動や自己犠牲的な活動をして自己満足することではありません。魂のよろこびは人生の一部でしかありません。魂のよろこびが人生の他の要素とくらべて特に良いことであるとか、崇高だということでもありません。

あなたがお金持ちになりたいのは、必要な時に、食べたり、飲んだり、楽しんだりすることができるようになるためです。美しいものに囲まれ、外国へ旅行し、心に糧を与え、知性を伸ばすためです。隣人を愛し、人々に親切にし、世界中の人々が真実に目覚める手助けをするためです。

しかし、どうぞ忘れないで下さい。極端な愛他主義は極端な利己主義と何ら変わりがありません。どちらがいいとか、どちらが気高いとかいうことではなく、両方ともあやまりです。

神は私たちが自分を犠牲にすることを望んでいる、あるいはそうすることによって、神の愛を確保できるなどという誤った考えは捨てて下さい。神はそのようなことはまったく望んでいません。

神が望んでいるのは、あなたが自分自身のために、そして他の人々のために、自分自身を最大限に活用することです。そして、自分自身を最大限に活用するということが何にもまして、他人を助けることなのです。

自分自身を最大限に活用するには、お金持ちになることがどうしても必要です。ですから、富を得ることをまず一番に考えて下さい。それは正しいことであり、賞賛にあたいすることなのです。

しかし、憶えていて下さい。神の望みとは、私たち全員のためのものです。生きとし生けるもの全てがより繁栄することを願っています。神は生きとし生けるもの全てのものの中に、平等に豊かさと命の繁栄を求めているからです。

宇宙の知的物質はあなたのためにさまざまなものを用意してくれます。でも、他の人から何かを奪い取って、それをあなたに与えるようなことはしません。

競争心は捨てなくてはなりません。あなたは創造者です。すでにあるものを人と競争して勝ち取る必要はありません。人から何一つとりあげる必要はありません。人と有利な取引をする必要もありません。人をだましたり、他人の無知につけこんだりする必要もありません。人を低い賃金で働かせる必要もありません。

人の財産をうらやんだり、羨望《せんぼう》のまなざしで見る必要もありません。何であれ、あなたも同じものを手に入れることができます。それも、他人のものをとりあげなくても、手に入れることができるのです。

あなたは競争者ではなく、創造者になるように生まれているのです。そして欲しいものは何でも手に入れることができます。しかもあなたがそれを手に入れると、他の誰もが今よりずっと豊かになれるのです。

これとは全く正反対のやり方をして莫大《ばくだい》なお金を手にしている人々がいるということは、私にもわかっています。

そういったタイプの人で大金持ちになる人は競争の面で並外れた才能をもっているからだという場合もあるでしょう。しかし、たとえば産業を発展させることによって、宇宙が計画した人類の幸せを目指す方向へと、無意識の内に調和して働いていたという場合もあります。ロックフェラー、カーネギー、モルガンなどは、気づかぬうちに宇宙の代理人として生産性の高い産業をシステム化し、組織化する役割を果たしました。その結果、彼らの事業は万人の繁栄に多大な貢献をしました。彼らは生産を組織化しましたが、彼らの時代はもう終ろうとしています。彼らに代わって、大衆の中から流通機構を組織化してゆく人が出てくるでしょう。

この大富豪たちは先史時代の恐竜のようなものです。彼らは進化の過程で必要な役割を果たしましたが、彼らを生み出したその同じ力によって淘汰《とうた》されてゆくでしょう。大富豪の人々が本当の意味でのお金持ちではなかったことも心にとどめておくべきでしょう。さまざまな記録を見れば、この階級のほとんどの人々の私生活は誰よりもみじめで悲惨であったことがわかります。

競争原理の働く世界における富はこれで十分だということがなく、しかも永遠ではありません。今日はあなたのものであっても、明日は他人のものになるかもしれません。科学的で確実な方法で豊かになろうとするならば、競争心を完全に放棄する必要があります。与えられるものに限りがあるとは、一瞬たりとも考えないことです。すべての富が銀行など誰かによって独占され、支配されていると考えて、それを阻止するためには法律を通過させなくてはならないと奔走しはじめたとたん、あっという間にあなたは競争心に支配されてしまいます。するとあなたの創造力はしばらく消えてしまい、さらに悪いことに、すでに始めた創造的な活動も中断せざるを得なくなってしまうでしょう。

地球の山々にはまだ発見されていない何百万ドルもの価値を持つ黄金が埋まっている、ということを忘れないで下さい。もし、なかったとしても、それよりももっと莫大なものが「思考する物質」から、必要なだけ新たに作り出されることでしょう。あなたが必要とするお金は必ずやってきます。たとえそのために、明日、千人の人を動員して新たな金鉱を発見しなくてはならないとしても、必要は満たされます。

目に見える形で与えられるものではなく、宇宙の中にある無限の豊かさに目を向けて下さい。それは今、タイミング良くあなたが手にし使うために、あなたに向かっている途中だということを知って下さい。誰かが、目に見える富のすべてを独占したとしても、あなたが自分の富を得ることを邪魔することはできません。

あなたが家を建てようとする前に、良い場所はみんな他の人にとられてしまうと、一瞬たりとも思ってはいけません。独占資本や複合資本が地球全体の富を独占するのではないかとおそれてはなりません。誰かに先を越されてあなたが欲しいと思っているものを失うのではないかとおそれてはなりません。そんなことは絶対に起こりません。あなたは、他人の持っているものを得ようとしているのではありません。あなたは無限の宇宙に働きかけ、自分の欲しいものを創造しようとしているのです。そして、無限に与えられます。次の原則だけを心から信じて下さい。

一、この世に存在するすべてのものは「思考する物質」から作られています。その「思考する物質」は、その原始の状態において、宇宙空間のすみずみまで広がり、浸透し、宇宙全体に充満しています。

二、この「思考する物質」（宇宙）の中に生まれる思考は、その思考が思い描いたとおりのものを作り出します。

三、人はさまざまなものを考え、それを「思考する物質」（宇宙）へと発信することによって、それを形あるものとして生み出すことができます。

第6章　富はどこからやってくるのか

前章で商売上手になる必要はないと言いましたが、それはいっさい値切ってはいけないという意味ではありませんし、他の人と取引する必要がなくなると言っているのでもありません。私の言いたいのは、不公正な取引をする必要はないということです。また、ただで何かを手に入れなさいというわけでもありません。誰に対してもあなたが受けとる以上のものを与えることができるのです。

金額的な価値としては相手が支払った以上のものを与えることはできませんが、代価にまさる「利用価値」を提供することは可能です。紙、インク、その他の費用を含めて物としてのこの本の価値は、あなたが支払った価格よりはるかに小さいでしょう。しかし、もし、あなたがこの本から知識を得て、何千ドルもの価値を得ることができるとすれば、あなたはこの本を買って損をしたことにはなりません。この本の売り手たちは、あなたの支払った価格より、ずっと大きな「利用価値」をあなたに与えたということになります。

たとえば、私が文明社会では何千ドルもの価値のある絵画を持っていたとします。それを北極圏のバフィン湾までもってゆき、イヌイットにうまく売りこんで五〇〇ドルの価値のある毛皮と交換したとします。これでは私は彼にひどい行いをしたことになります。彼にとってはその絵は「利用価値」が全くないからです。それで彼の生活が豊かになることはありません。

しかし私が五〇ドル相当の銃と彼の毛皮を交換するとします。すると相手にとって、それはとても有利な取引になります。銃があれば、それを利用して、さらに多くの毛皮を手に入れ、十分な食料を確保できるし、あらゆる面で生活が向上し、豊かになるからです。

競争をやめ、創造的な次元で仕事をするようになると、自分の取引を厳密に見られるようになります。相手の支払った対価と比べて、あなたの売るものが、それだけの価値を相手にもたらさないようであるなら、その取引はやめて下さい。商売で相手をだます必要はありません。もし、人をだますような商売をしていたら、すぐにやめて下さい。

誰に対しても、代価にまさる利用価値を与えて下さい。そうすれば、取引をするたびに、あなたは世界中の人々の生活を向上させているのです。

もし、人を雇っているならば、社員には支払う給料以上の働きをしてもらわなければなりません。しかし、そのためには、昇級制度を行き渡らせて、毎日の仕事が少しずつでも昇進につながるようにして、社員にやる気を起こさせるのがいいでしょう。

あなたが本書から受けるようなやる気を、全社員が持てるような企業にして下さい。昇進制度を設け、やる気のある社員が階段を上ってゆくように、自分自身で金持ちになれるような仕組を作ればよいのです。そして、チャンスを与えられているにもかかわらず、そのチャンスを生かさない人がいたとしても、それはあなたの責任ではありません。

あなたは宇宙全体に充満している形のない物質から富を作り出すことができるとは言っても、それが空中からひとりでに、すぐに形となって目の前に現われるわけではありません。

たとえば一台のミシンを手に入れたいと思ったとしましょう。ミシンが欲しいという思いを〈宇宙〉に発信する前に、まず頭の中にミシンのイメージをはっきりと描きましょう。そのミシンが今、作られている、または自分の手元に運ばれてくる途中であると、できるだけ強い確信を持って、心の中に生き生きとイメージします。いったんその思いを確立したら、ミシンがやってくることを絶対的に無条件に信じます。確信を持って、そのことを考えたり、話題にしたりして下さい。すでに自分のものだと宣言して下さい。

望んだものは〈至高の知性〉つまり神の力によって人の心に作用し、あなたのもとに届くでしょう。あなたはメイン州に住んでいるのに、はるかに遠いテキサスや日本から人が取引にやってきて、その結果、あなたの欲しいものが手に入るかもしれません。そうなれば、その取引はあなただけでなく、相手にも同じように利益をもたらします。

「思考する物質」、つまり神はすべての中に存在し、すべてのものと連携をとりながら、すべてに影響を与えることができるということを、一時たりとも忘れないで下さい。

より充実した命、より良い生活を求める「思考する物質」の欲求が、これまでに作られたすべてのミシンを作り出し、これから先何百万台ものミシンを作り出してゆくのです。望みと確信をもって「確実な方法」で行動し、「思考する物質」を発動させれば、そのようになるのです。

あなたはミシンを必ず手に入れることができます。あなた自身の生活だけでなく、人の生活も向上させるために使うのであれば、あなたの望むものは何でも手に入れることができるのです。

あなたは遠慮せずに堂々と、大きなお願いをしてよいのです。「あなた方の父である神は、喜んで、あなた方に御国をお与えになるだろう」とイエスも言っています。神はあなたがあらゆる可能性を伸ばし、できるかぎりのものを手に入れ、利用して、豊かな生活を送ることを望んでおられるのです。

さまざまなものを所有したいというあなたの願望は、自らを十分にあらわそうという〈全能の神〉の願望そのものなのです。それをはっきりと意識に刻みつけるならば、あなたの信仰は不動のものとなるでしょう。

ある時、私は、ひとりの少年がピアノの前にすわって鍵盤《けんばん》をたたき、美しい音楽を奏でようと必死になって努力しているのに、うまくゆかない姿を目にしたことがあります。その少年はうまく演奏できない自分にいらいらし、かんしゃくを起こしてしまいました。私はその少年にどうしてそんなにいらだっているのかと聞きました。すると、彼は次のように答えました。「僕の中で音楽が鳴っているのに、それをうまく弾けないのです」彼の中で鳴っていた音楽はあらゆる可能性をはらんだ「原始物質」の「衝動」であり、少年を通して音楽をあらわそうとしていたのです。

〈唯一の実体〉である神は、私たち人間を通して、この地上に生き、多くのことを行い、楽しもうとしています。神は次のように言っています。「私は立派な建物を建て、美しい音楽を演奏し、すばらしい絵画を描くための手が欲しい。私の仕事をするための足を、美しい自然を見るための目を、力強い真実を述べ、すばらしい歌を歌うためののどが欲しい」と言っています。

すべての可能性が、人間を通して表現されることを求めています。神は音楽ができる人にはピアノやその他の必要な楽器を手に入れてもらい、彼らの才能を最大限に伸ばすことを望んでいます。美の価値のわかる人には、美しいものを身のまわりに置くことをお望みです。真実がわかる人には、機会あるごとに旅をして見聞を広めることを求めています。衣服の真価がわかる人には美しく装うように、食べ物の味がわかる人には、おいしい食べ物を楽しむように望んでいます。

こうしたことを神が望んでいるのは、神自身がそれを楽しみ、その価値を認めているためです。演奏をし、歌い、美を鑑賞し、真実を述べ、美しい衣装を身にまとい、おいしい物を食べるなど、そのすべてを欲しているのは、神自身なのです。

使徒パウロはこう言っています。

「神はあなた方のうちに働きかけて、その願いを起こさせ、それを実現に至らせます」（「ピリピ人への手紙」第2章13節）

富に対してあなたが感じる欲求は神からのものです。これは神がピアノを弾いていた少年を通して表現しようとしていたのと同じように、あなたを通してみずからを表現しようとしているのです。

ですから、心おきなく多くを望んで良いのです。あなたのすべきことは、神の望みに焦点をあて、表現することなのです。

ほとんどの人にとって、これはとても難しいことです。多くの人々は、清貧と自己犠牲が神を喜ばせるという古い考え方に縛られているからです。多くの人々は、貧困は神の計画の一部であり、自然の摂理だと考えています。神は天地創造の仕事を終り、創れるものは全て創ってしまった、そして全ての人に十分に行きわたるだけのものがないのだから、大半の人たちは貧しいままでいなければならないと思っているのです。

このような誤った考え方があまりに強いために、みんな、富を求めることは恥だと感じています。

なんとか快適な生活を送れる程度の、ささやかな資産以上のものは求めないようにしているのです。

私は今でもある受講生のことを覚えています。私は彼に次のように言いました。「欲しいものを心の中にはっきりとイメージしなさい。そうすれば、あなたの創造的な思考が神（形のない物質）に伝えられます」

彼は非常に貧しくて、借家に住み、その日暮らしをしていました。彼はあらゆる富が彼のものだという事実が理解できませんでした。そこで、教えられた言葉をよくよく考えた末に、一番良い部屋に敷く新しいカーペットと、冬の間、家を暖める石油ストーブを頼んでみることにしました。そして、この本に書かれている通りにしたところ、カーペットとストーブを数ヶ月で手に入れることができました。その時、彼は自分はこれまで十分にお願いをしていなかったことに気がついたのです。彼は自分の住んでいる家をすみずみまで見直し、もっと良くしたい部分について入念な計画を立てました。頭の中で、ここには出窓をつけて、向こうには新しく一部屋建て増しをしました。そして、理想の家が完成するまでそれを続け、次には家具の配置を計画しました。

このできあがった全体のイメージを心に保ちながら、彼は「確実な方法」で暮らし始め、自分の欲しいものに向かって進み始めたのです。今、彼はその家を自分のものにし、頭に思い描いたイメージの通りに家を建てかえている最中です。そしてよりいっそうの信念をもって、さらにすばらしいものを手に入れようとしています。それができたのは、彼が強い確信を持っていたからです。そして私たちは誰でも、同じことができるのです。

第7章　感謝の気持

前章では、お金持ちになる第一歩は、自分が欲しいものを〈宇宙〉に伝えることだと、理解していただけたことと思います。

そして、そのためにはあなた自身が〈神の思い〉と調和し、結びつかなければなりません。

〈神の思い〉と調和した関係を作ることは何よりも重要なので、ここで少し説明をして、どのようにしたらよいのかを教えたいと思います。神と完全に心を一つにするための「確実な方法」を教えましょう。

そのための心の調整のすべては、「感謝」という一つの言葉で言い表すことができます。

第一に、あなたはこの世は〈知性ある物質〉というひとつのものから成っていて、これからすべてができているのだということを信じます。第二に、この「唯一のもの」はあなたが欲しいものすべてを与えてくれるのだと信じます。第三に、この「唯一のもの」と、心からの深い感謝の気持によってつながります。

ほかのことではすべての面で正しい生き方をしている多くの人々が豊かになれないのは、感謝の気持を十分に持っていないからです。神からひとつの恵みをいただいたのに、それを感謝しなかったばかりに、彼らは神とのつながりを断ち切ってしまうのです。

富の源泉の近くで生きていれば、いっそう多くの豊かさを享受できるのと同じように、感謝に満ちた生活を送っていれば、神に対して感謝の気持を持たない人よりも、ずっと神に近いところにいられるのです。

何か良いことがあった時、神に感謝すればするほど、ますます良いものが、ますます早く与えられるようになります。それは感謝に満ちた態度が、私たちの心を恵みの源である神の近くへと引き寄せてくれるからです。感謝の気持があなたの心と宇宙の創造力をより深く調和させるという考え方を今まで知らなかったならば、よくこのことを考えてみて下さい。すると、これが真実であることがわかるでしょう。あなたがすでに持っているもののすべては、ある法則に従ってあなたのもとにやってきました。感謝はあなたの心をその方向へと開きます。そして、あなたの思考を創造的な次元に保ち、他人との競争に陥らないように守ってくれます。

感謝の気持こそあなたの心を神に向かわせ、富の供給には限りがあるという誤った考えからあなたを解放します。富の供給には限りがあるという誤った考えに支配されると希望は打ちくだかれてしまうのです。「感謝の法則」というものがあり、望みどおりの結果を得るためには、この法則を必ず守らなければなりません。

「感謝の法則」とは、自分が行う行為は、必ずそれと同じだけの反作用となって自分に返ってくるという自然の法則です。神に感謝の気持を伝えることは、力を解放して外に出すことです。それは必ず神に届きます。それが今度は神からあなたに向かう反作用となってすぐに返ってくるのです。

「神に近づきなさい。そうすれば神はあなたがたに近づいて下さるだろう」（「ヤコブへの手紙」第4章8節）これは科学的に見ても真実です。

そして、あなたが強い感謝の気持を常に持ち続ければ、〈宇宙〉からも強い反作用が働き続け、あなたの望むものが、たえずあなたに向かって動いてきます。イエスの感謝に満ちた態度を見て下さい。イエスはどのような場面でも「私の願いをいつも聞いて下さる父よ、感謝します」と言っています。感謝の気持がなければ、大きな力を発揮することはできません。あなたと力の源を結びつけているのは感謝の気持だからです。

けれども感謝の気持の価値は、これから先、もっと恩恵を受けることができるというだけではありません。感謝の気持がなかったら、今与えられているものに満足することはできません。

今、与えられているものに感謝ができなくなると、あっという間にものごとはうまくゆかなくなります。もし、あなたの意識を陳腐なもの、貧相なもの、見苦しいもの、みすぼらしいものばかりに当てていると、あなたの心の中にそれと同じ形が生まれます。すると、あなたはそのイメージを宇宙に送ることになります。その結果、陳腐で、貧相で、みすぼらしいものが、あなたのもとへとやって来ます。

あまり良くないものに心を向けていると、あなた自身がそのようになり、あまり良くないものが身辺に集まるようになります。逆に自分の意識を最良なものだけに向けていれば、常に最良のものだけに囲まれ、自身も最高のものになることができます。私たちの中にある創造力は、私たちが意識を向けているもののイメージを私たちの中に作り出します。私たちは〈思考する存在〉であり、〈思考する存在〉はみずからが思考したものの形をとります。

感謝の心は常に最良のものに向けられています。そのために、それは最良のものとなり、最良の形や性質を帯び、最良のものを受けとるようになるのです。

また、信仰とは感謝するところから生まれます。感謝する気持は、常に良いことだけを思うことであり、その思いが信仰となります。感謝の気持を持てば、その人の心に信仰を生み、感謝をするたびにその信仰が深まります。感謝の気持のない人は強い信仰を持つことはできません。信仰を持つことができなければ、今後の章で説明するように、創造的な方法で豊かになることはできません。

あなたにもたらされる良きことのすべてに、いつも感謝するよう習慣づけましょう。

そして、あらゆるものが、あなたの成長にとって役立つのですから、あらゆるものに感謝すべきなのです。

大富豪や大企業の経営者の汚点や不法行為を批判したり話題にしたりして、時間を浪費してはなりません。彼らが世界の企業や組織を作ってくれたからこそ、あなたが機会《チャンス》を手にすることができたのです。彼らがいたお蔭《かげ》で、あなたはさまざまなものを手に入れることができるのです。

腐敗した政治家に腹をたててはなりません。政治家がいなかったら、この世の中は無政府状態になり、あなたの機会も大幅に減ってしまうでしょう。

神は長い時間をかけて、非常に忍耐強く、今ある産業や政治をもたらしてくれました。そして、神はまさに今もずっと仕事を続けています。大富豪や大実業家や政治家がいらなくなれば、神はすぐに彼らを消し去るでしょう。しかし、今のところは彼らは必要なのです。こうした人々は、あなたのところに富がやってくる道を用意するために役立っています。彼らに感謝しましょう。そうすればすべてのものの中にある良きことと調和した関係を保つことができます。そしてすべての良きことがあなたに向かってやってくるでしょう。

第8章　確実な方法で考える

第6章の「家のイメージを心に描いた受講生」の話をもう一度読んで下さい。そうすれば、豊かになるための第一歩がどういうものか、かなり明確に理解できるでしょう。あなたが欲しいものがあれば、そのもののイメージを明確、かつ具体的に、頭の中に描かなければなりません。自分の考えを相手に伝えるためには、自分の考えがよくわかっていなければなりません。

自分がはっきりと理解していないものを人に伝えることはできません。自分がしたいこと、自分が持ちたいもの、自分がなりたいものについて、あいまいで、ぼんやりとした思いしかないために、多くの人は、それを〈宇宙〉に伝えることができません。ただ漠然と「何か良いことをするために」豊かになりたいと思うだけでは十分ではありません。それならば誰もが望んでいることです。

旅行をして、見聞を広め、人生を豊かに生きたいと願うだけでは十分ではありません。そんなことは誰もが願うことだからです。もし、あなたが友人に電報を打とうとしているとします。その時、あなたは、アルファベットをABCの順で送りつけ、受け取る相手にメッセージを組立てさせるようなことはしないでしょう。または、辞書から適当に言葉をぬきだして送るでしょうか。意味のわかる文章にして、何か意味のあることを相手に送るはずです。あなたの望みを〈宇宙〉に伝える時には、筋道の通った文章で伝えなければなりません。まず自分が何を欲しているのかをはっきりと知らなければならないのです。

具体的になっていないあこがれや、あいまいな希望をいくら送っても、お金持ちになることも、創造的な力を動かすこともできません。

第6章でとりあげたあの受講生のように、自分が何を望んでいるのか、しっかりと見きわめ、手に入れたいものの明確なイメージを思い描いて下さい。

たとえば、船乗りがいつも目的地の港のことを考えているように、その明確なイメージをたえず心に思い浮かべ、それに目を向け続けて下さい。舵手《だしゅ》が羅針盤から目を離さないように、あなたもそれを見失ってはなりません。

　集中力を高めるための特別な練習をする必要はありません。祈りをささげたり、アファーメーションを唱えたり、瞑想《めいそう》をしたり、神秘主義やオカルトのまねごとをする必要もありません。そういうことは良いことではありますが、あなたに必要なことは、ただ、心から望むものが何であるかを知り、その思いが心にしっかりと根づくまで、心の底から欲しいと思うことだけです。

　時間がある時は、できるかぎりそのイメージを頭に描き続けて下さい。自分が求めているものに心を集中させる練習をする必要はありません。努力しなければ、注意を集中できないのであれば、それはきっと、あなたが本当に欲しいものではないのです。

　お金持ちになりたいと心底から強く望んでいる時は、コンパスの針が自然に北を指すように、あなたの思いは目的に完全に集中しています。そうでなければ、この本で教えているやり方をやってみる価値はほとんどないでしょう。

　ここで紹介する方法は、豊かになることを強く望み、怠け心と安易に流れる気持を克服し、努力することができる人のためのものです。

　イメージをより明確に、具体的に作りあげ、それを思い続ければ続けるほど、あなたの願望はますます強くなります。願望が強ければ強いほど、欲しいもののイメージを心に持ち続けることが容易になってゆきます。

しかし、明確なイメージを持つだけでは十分ではありません。それだけならば、あなたは夢を見ているにすぎず、目標を実現する力はほとんどありません。明確なビジョンの根底にはそれを実現し、目に見える形にする決意がなくてはなりません。そしてこの決意の根底には、それはすでに自分のものであるという、ゆるぎない、確固とした信仰がなければなりません。それはすぐ近くにあって、あとはそれを所有するだけなのだ、と確信して下さい。

新しい家に住んだつもりになって、実際にその家がここにあるかのように想像してみて下さい。想像の世界に入って、自分が欲しいものに囲まれている様子を楽しんで下さい。

「そこであなた方に言うが、なんでも祈り求めることは、すでにかなえられたと信じなさい。そうすれば、そのとおりになるであろう」とイエスは言いました。(「マルコによる福音書」第11章24節)

欲しいものはすべて、あなたのまわりにいつもある、と思いましょう。自分がそれを所有し、使っていると思いましょう。それが、形あるものとして自分のものになったと想像して、それを使ってみましょう。イメージが明確で具体的になるまで思い描き続け、そこにあるものすべてを所有しているのだという気持になって下さい。あらゆるものを、本当に自分のものだという信念を持って心の中で所有して下さい。この気持を保持し続けます。それが現実であるという信念を一瞬たりとも手放さないで下さい。

そして前章の感謝の気持を忘れないで下さい。それが現実のものとなった時に抱くであろう感謝の気持を、常に持ち続けて下さい。まだ想像の段階でしか所有していないものに対して、心から神に感謝できる人には本物の信仰があります。その人はお金持ちになれます。そして、欲しいものは何でも創り出すことができるでしょう。

欲しいものがあるからといっても、何回も何回もお祈りする必要はありません。毎日、神に伝える必要はないのです。「祈る場合、異邦人のようにくどくどと祈るな」(「マタイによる福音書」第6章7節) とイエスは弟子たちに言いました。「あなた方の父なる神は、求めない先から、あなた方に必要なものは御存じなのである」(「マ

タイによる福音書」第6章8節）
あなたのなすべきことは、豊かな生活のためには何が必要かを明確にして、それを具体的に思い描くことです。そして、その思いを〈宇宙〉に伝えます。〈宇宙〉には、あなたに必要なものをもたらす力と意思があるからです。

自分の望みを伝える時、長々とした言葉をくり返す必要はありません。手に入れるのだというゆるぎない決意と断固とした信仰を持って、ビジョンを保持することによって、伝えることができるのです。

祈りに対する答えは、あなたが話しかけている時ではなく、働いている時の信仰に基づいて与えられます。

特別な安息日にだけ自分の望みを神に伝え、その他の日は神のことなど考えもしないというのでは、あなたの思いを神に伝えることはできません。私室にこもって、特別に祈りをささげる時間をもうけても、次の祈りの時間がくるまですっかり忘れているようでは、思いを神に伝えることはできません。

声に出して祈ると、自分自身のビジョンが明確になり、信仰が深まるという効用はありますが、祈りを口に出して唱えたから、望んだものが手に入ったわけではありません。豊かになるためには、「たまさかの静けき祈りの時」は必要ありません。「絶えず祈り続ける」ことが必要なのです。この場合の祈りとは、必ず実現させるという決意と、自分がすでにそれを行っているという確信を持って、ビジョンを保ち続けることです。

「なんでも祈り求めることは、すでにかなえられたと信じなさい」（「マルコによる福音書」第11章24節）

ビジョンが明確になれば、次が受け取る番です。ビジョンができあがったら、言葉にして、神に祈りの中で打ちあけてもよいでしょう。するとその瞬間から、あなたは心の中で望んだものをすでに受け取ったのだと思わなければなりません。新しい家に住み、美しい服を着て、いい自動車に乗り、旅行にでかけ、自信を持ってさらに豪華な旅を計画しましょう。望みのものをすべて、実際に手に入れたのだという気持になって考えたり話したりすればよいのです。望みどおりの環境と経済力が与えられたと想像し、いつもその状態の中に住んでいると想像して下さい。ただし、それが単なる夢想や空想だと思ってはいけません。そのビジョンは今、実現されている、という信仰を持ち続けて下さい。そしてそれは実現するのだという強い決意を持ち続けて下さい。科学者と夢想家の違いは、信仰と強い決意を持って想像するかどうかにかかっています。そして、それを理解した上で、これから、意思の力の正しい用い方を学ぶことにしましょう。

第9章　意思の力の正しい使い方

科学的な方法を使ってお金持ちになろうと思ったら、あなたの意思の力を自分以外の人やものに行使してはいけません。

あなたにはそのような権利はありません。自分の意思を押しつけて、他人を思いどおりに動かそうとするのは誤りです。

精神的な圧力をかけて他人に強要するのは、力ずくで強要するのと同様に非常に不当な行為です。

力ずくで人を自分のためにこき使うことが、相手を奴隷状態におとしめる行為であるとすれば、精神的に追いつめて人を働かせることも、全く同じです。それは手段が違うだけです。腕力を使って人のものを取り上げるのが強奪行為であれば、精神的に追いつめて取り上げるのも、やはり強奪行為です。原則的に何の違いもありません。あなたには自分の意思を他人に押しつける権利はありません。たとえ、「その人のためを思って」であっても、それが本当に相手のためになるかどうかはわからないからです。

豊かになるための科学的な方法は、どのようなやり方にしろ、人に圧力をかけたり、無理強いしたりしろとは言いません。そんなことをする必要は露ほどもありません。あなたの意思を他人に押しつけるようなことがあれば、あなたのやろうとすることが台無しになってしまうだけです。

手元に引き寄せようとして、ものに対して意思の力を使うのも無駄なことです。それは神に対して無理を強いるようなもので、ばかげているばかりか不適当なことなのです。

神につめよって、自分に良いものを与えて下さいとせまるのは、自分の意思の力を使って太陽を昇らせようとするようなものです。意思の力で言うことを聞かない神を思いどおりに動かしたり、がん固で反抗的な勢力を従わせたりする必要もありません。〈宇宙〉はあなたにとてもやさしく、あなた以上に熱心に、あなたに多くをもたらしたいと思っています。

豊かになるためには、自分自身に意思の力を働かせるだけでよいのです。何を考え、何をすべきかがわかったなら、自分自身が正しく行動するために自分の意思の力を用いて下さい。自分自身を律し、正しい道からそれないために意思力を使う。それこそが、望むものを手に入れるための意思力の正しい使い方です。ある「確実な方法」に従って思考し、行動するためにあなたの意思の力を使って下さい。

自分の意思や思考や気持を表に出して、ものや人々に働きかけようとはしないで下さい。気持は自分の内側にしまっておきます。どこよりもあなたの内側で、意思の力は強力に発揮されるのです。

知力を働かせて、欲しいものを心に描き、信仰と決意を持ってそのビジョンを保持して下さい。あなたの意思を使って、心が正しく働くようにしましょう。

あなたの信仰と決意を強く持続することこそが豊かになるための近道です。なぜなら、前向きの願望だけを〈宇宙〉に送ることができるからです。否定的な要因によって、願望を無効にしたり、力を弱めたりすることもなくなります。

宇宙はあなたの願望のイメージを受けとり、それをはるか彼方まで広めます。おそらく宇宙全体に広がるでしょう。

このイメージが宇宙に広がるにつれ、すべてのものがそれを具現化するために動き始めます。生きているものも、命なきものも、そしてまだ創り出されていないものまでが、あなたが欲するものを作り出す方向に動き出すのです。すべての力がその方向へと働き始めます。すべてのものがあなたへと動き始めます。様々な人々の気持が、あなたの欲求を満たすために必要なことを行う方向へと、影響を受け始めます。そして人々は無意識にあなたのために働くのです。

しかし、もし、あなたが宇宙に否定的な気持を伝えると、この動きは止まってしまいます。決意と信仰が確実にものの動きをあなたに向かわせるのと同じように、疑いや不信の気持は確実にその動きをあなたから遠ざけてしまいます。このことを理解しないために、心理学を利用して金持ちになろうとする多くの人々が、失敗しているのです。疑念や不安を抱くたびに、心配して時間を費やすたびに、また不信にとらわれるたびに、全〈宇宙〉の流れがあなたから離れてしまうのです。

「すべての約束は信ずるものだけに果たされる」とイエスが信じることの大切さをくり返し説かれたことを思い出して下さい。今のあなたであれば、その理由がわかるでしょう。
信じることが何よりも重要であるからには、あなたは自分の思いをしっかりと守らなければなりません。あなたが考え、観察するものによって、信念は非常に堅固なものになります。ですから、注意を集中してものごとをよく観察する必要があります。そのためには、あなたの意思の力を使って下さい。何に注意を向けるかは、あなたの意思によって決まるからです。

お金持ちになりたいのであれば、貧困について研究をしてはいけません。正反対のことについて考えていては、望むものはやってきません。病気の研究をし、病気のことばかり考えていては、健康にはなれません。罪について調べたり考えたりしていては正義は広まりません。そして貧乏について研究し、考えていては、お金持ちにはなれません。

科学的な研究が進んだために、医学はかえって病気を増やしています。罪の研究をする宗教は罪を増やしています。貧困を研究する経済学は、世界を悲惨さと欠乏で満たします。

貧困について話したり、調べたり、心配してはなりません。その原因が何か、気にする必要はありません。それはあなたとは関係のないことです。あなたが気にすべきことは、いかにそれをなくすかということです。

慈善事業や慈善活動に時間を費やしてはなりません。慈善活動はそれが根絶しようとしている窮乏状態を、いつまでも存続させてしまいます。

冷酷で思いやりのない人間になりなさいとか、困っている人々の声を聞くな、と言っているのではありません。従来のやり方で貧困を根絶させようとしてはならないと言いたいのです。貧困や、それに関連することはひとまずおいておいて、あなたがまず幸せになりましょう。

あなたの頭の中が貧困のイメージだらけでは、お金持ちになるために必要なイメージを保持し続けることができません。スラムに住む人たちの窮状や、子供を強制的に働かせているおそるべき実態などについて書かれた本や新聞は読まないようにしましょう。欠乏や苦難などの気持が滅入《めい》るようなイメージを与えるものは、読まないようにして下さい。そうした状況を知ったとしても、恵まれない人々を助けることはできません。貧しい人々の状況は広く知られているのに、それでも一向に貧困は減る気配がありません。

貧困を解決するのは、あなたが心に貧困のイメージを抱くことではなく、貧しい人たちの心に豊かな生活のイメージを植えつけることなのです。

あなたの心を貧しい人々の苦しみのイメージで満たすことを拒んだからといって、それはあなたが彼らを見捨てるというわけではありません。

貧困をなくすためには、貧困について考える人を増やすのではなく、決意と信仰を持って、お金持ちになろうとして成功する貧しい人々の数を増やすことが大切です。

恵まれない人々が必要としているのは施しではありません。心にひびく励ましが必要です。慈善事業にできることは、みじめな状態のままで生きてゆくためのパンを施したり、娯楽を与えて、数時間だけいやなことを忘れさせるぐらいのことです。しかし、彼らにインスピレーション（心にひびく気づき）を与えれば、彼らを苦しい生活から脱出させることができます。貧しい人を助けたいと思うならば、まずあなたが豊かになって、彼らも豊かになれるのだということを示して下さい。お金持ちになりなさい。これが彼らを助ける最善の方法です。

貧困をこの世の中からなくす方法は、本書の教えを実践する人が多数あらわれ、いっそう増え続ける以外にありません。

世の中の人々に、競争ではなく、「創造力」を働かせることによって豊かになることを教えてあげなければなりません。

競争を勝ちぬいて豊かになった人は、自分が成功すると、自分が昇ってきたはしごをはずして、他の人が昇ってこられないようにしてしまいます。しかし、創造力を働かせて豊かになった人はみな、何千人もの人のために道を切り開き、その人々が後に続けるようにインスピレーションを与え続けます。

貧困層の人々に同情を示さなかったり、彼らのことを考えたり、話したり、そうした話題に耳を傾けないからといって、あなたが冷酷で無情だというわけではありません。

あなたの意思の力を用いて、頭の中から貧困を消し去り、決意と信仰を持って、自分の望むもののビジョンを心に保ち続けるようにして下さい。

第10章　意思の力を強くする方法

外から来るものであれ、想像のものであれ、豊かさとは逆のもののイメージに注意を向けていては、正しく明確な富のビジョンを持ち続けることはできません。

他人に自分の過去の金銭的な問題について話してはいけません。過去にそういう問題があったとしても、決してそれを考えてはなりません。あなたの両親がお金に困っていたことも、昔の暮らしが楽ではなかったことも、誰にも話さないことです。このようなことを少しでもすると、そうしている間は、自分を貧乏人に属すると思ってしまいます。そんなことをすれば、せっかくあなたの方に向かっているものの動きを止めてしまうことになるでしょう。

「死人を葬ることは、死人にまかせておきなさい」（「ルカによる福音書」第9章60

節）とイエスは言われました。

貧困とそれにまつわるものはみな、完全に捨ててしまって下さい。あなたはひとつの確実な宇宙論を正しいものとして受け入れ、それが正しいと信じて、幸福への望みを託しているのです。それと相反する理論に耳を傾けて、何が得られると言うのでしょうか。

世界が終末に近づいていると説く本を読んではいけません。また、世界が悪魔の手に落ちると主張する人々の本や、悲観的な哲学者の本も読んではいけません。世界は悪に向かっているわけではありません。神に向かっているのです。それはすばらしい未来です。

たしかに、現状には不愉快な状況も沢山あるかもしれません。しかし、それが確実に過去のものとなろうとしている時、それに関心を持っても消え去るのを遅らせるだけだとしたら、いやなことに注意を向けていったい何の意味があるというのでしょう。その気になりさえすれば進化を早め、すみやかに除去できるのに、進化の過程で取り除かれてしまうことになっているものに、時間や注意を費やす必要があるでしょうか。

どこかの国や地域や場所でどんなにひどいことが起こっているにしても、そのことを考えるのは時間の浪費であり、あなたの機会をのがすことになります。あなたは、世界が豊かになるということだけに興味を集中させればよいのです。

消えつつある貧困ではなく、世界が向かっている豊かな世界を考えましょう。世界が豊かになるためには、競争ではなく、創造力を働かせることによって、あなた自身が豊かになるしかないということを心に刻んでおきましょう。

貧困のことはさておいて、豊かさだけに注意を向けて下さい。恵まれない人々のことを思ったり、話したりする時、彼らを同情すべき人たちとしてではなく、必ず裕福になる人々であり、憐《あわ》れむべき存在ではなく、むしろ祝福されるべき人々だと思って下さい。そうすれば彼らも、また他の人々も、インスピレーションを受けとって、貧困から抜け出す方法をさがし始めるでしょう。

すべての時間と気持と思いを、豊かになることだけに注いだとしても、あなたが強欲で、あさましい人間だということにはなりません。

本当のお金持ちになるということはすべてのことを含んでいるという意味で、最も貴い人生の目標なのです。

競争心を持って、他人をけおとしてまでもお金をもうけようとすることは、神をも無視した他者を支配しようとする争奪戦です。しかし創造的な心を使う時、すべては変わってしまいます。

気高さや魂の成長によってもたらされるすべてのもの、たとえば他人に対する奉仕や尊い活動は、豊かになることによってかなえられるのです。すべては手に入れた物を使うことによって可能になるからです。

もしあなたが健康に恵まれていなかったら、健康を回復するかどうかは、お金があるかどうかにかかっているのがわかるでしょう。お金の悩みから解放され、安楽に生きられる資力のある人だけが、衛生管理を行なって健康を維持することができるのです。

道徳的、霊《スピリチュアル》的に成長することは、生き残り競争とは無縁な人にとってのみ可能です。そして、創造的な思考によって豊かになる人だけが、競争のもたらす悪い影響から自由でいられるのです。もし、あなたが家庭的な幸せを願うのであれば、愛とは教養と高い見識のある、腐敗の影響を受けない環境に花開くものだということを忘れないで下さい。これらはみな、不和や競争なしに、創造的な思考を働かせたことによってお金持ちになったところにのみ、得られるものです。

ここでもう一度、くり返します。お金持ちになることほど、崇高で高貴な目標はありません。豊かな生活のイメージに焦点をあてて、そのビジョンを弱めてしまうことはいっさい排除するようにしなければなりません。

すべてのものごとの中にかくされている真実を見ることを学ばなければなりません。見た目にはどんなに悪く見えることの中にも、〈偉大なただひとつの命〉つまり神の力が、より完璧《かんぺき》な発現と、より完璧な幸せを成就させるために動き続けていることを知って下さい。

本当のところは、貧困などというものは存在しないのです。豊かさだけがあります。自分のためにすでに富が存在している、ということを知らないために、貧困のままでいる人たちもいます。その人たちには、あなた自身が自ら豊かになって、豊かになる道を示してあげるのが、最も効果的なのです。

今の境遇から抜け出す方法があると感じているのに、豊かになれないという人もいます。彼らは知的な怠けぐせがあって、貧困から抜け出すための努力が足りない人たちです。このような人たちには、正しい方法でお金持ちになるとどんなに幸せかを見せることによって、自分もお金持ちになりたいという願望をもたせることが一番です。

また、なんらかの科学的な方法を学んではみたものの、神秘主義やオカルトの迷宮に迷いこんでしまい、どの方向に進んだらよいのかわからなくなって、貧しいままの人もいます。いろいろな方法を試してみては、どれも失敗する人たちです。この人たちに対しても、あなた自身が人格と実践を通して、正しい道を示してあげることが一番です。理論を教えるより実践して示す方が、ずっと価値があります。

世のため、人のためにできうる最善のことは、**あなた自身を最大限に生かすことです。**

あなた自身が神と人類に奉仕できる最大の方法は、あなたが豊かになることです。それも競争的な方法ではなく、創造的な方法でお金持ちになればのことですが。

もう一つ重要なことがあります。この本ではお金持ちになる科学の原則を詳細に説明しています。このテーマについて、ほかの本はいっさい読む必要はありません。こう書くと、私がいかにも狭量で自己中心的だと思われるかもしれません。しかし、よく考えてみて下さい。数学の計算においては、足す、引く、掛ける、割るという計算以上に科学的な法則はありません。ほかの方法はありえません。

目的地までの最短距離は一つしかありません。

科学的な考え方も、ただ一つしかありません。それは目的地までまっすぐに簡単に導かれるように思考することです。いまだかつて、本書に書かれているよりも短く簡単な「システム」を編み出した人はいません。ここに書かれた内容は、不要なものをすべてはぎ取った本質だけです。もしあなたがこれに取り組むならば、ほかの方法はすべて忘れて、頭の中から一掃して下さい。


この本を毎日読んで下さい。この本をいつも持ち歩いて下さい。暗記するほどに読んで下さい。他のシステムや理論についてはいっさい考えないで下さい。他のシステムや理論を考えると、疑いを持ち始め、不安になり、迷いが生まれます。するとあなたは宇宙へ否定的な思いを送ってしまいます。

あなたが成功し、お金持ちになってから、好きなだけ、他のシステムを研究すればよいのです。しかし、望みのものを手に入れたと確信するまでは、私が「はじめに」で紹介した思想家は別として、本書の方法以外のものには目を向けないで下さい。

世の中のできごとについては、願望のイメージにふさわしい楽観的な記事だけを読んで下さい。

オカルトを研究するのは先に延ばして下さい。神智学やスピリチュアリズム等の領域には手を出してはいけません。もしかしたら死者はまだ近くに生きているかもしれませんが、そうだとしても、それはしばらく忘れて下さい。自分のなすべきことに集中して下さい。

死者の霊魂がどこにいようと、彼らには彼らのなすべき仕事と解決すべき問題があります。私たちにそれに干渉する権利はありません。私たちが死者を助けることはできません。それに、死者が私たちを助けてくれるとも思えません。たとえ彼らが私たちを助けられるとしても、私たちに死者の魂の時間を邪魔する権利があるかどうかもわかりません。死者も来世も、そっとしておきましょう。あなたはただ自分の問題を解決すればよいだけです。お金持ちになって下さい。もしオカルトなどに関わりを持ち始めると、精神的に逆流にのみこまれ、あなたの望みは難破してしまうでしょう。ここで、今まで説明してきた基本的な事実をまとめておきましょう。

一、この世に存在するすべてのものを作っている「思考する物質」があります。この「思考する物質」は、その原始の状態においては宇宙空間のすみずみまで広がり、浸透し、宇宙全体に充満しています。

二、この「思考する物質」（宇宙）の中に生まれる思考は、思い描いたとおりのものを作り出します。

三、人はさまざまなものを思考してその形をイメージし、それを〈宇宙〉へと発信し、それを形あるものとして、生み出すことができます。

四、そうするためには、競争をやめて創造的な思考へと跳躍する必要があります。まず、自分が望むもののイメージをはっきりと描きます。そして、不動の決意とゆるぎない信念を持って、そのビジョンを持ち続けます。そして、その決意をゆるがせ、ビジョンを希薄にし、信念を危うくするようなものに対しては、関心を持ってはなりません。

それでは、これらすべてに加えて、「確実な方法」に従って生き、行動することについて学びましょう。

第11章「確実な方法」に従って行動する

思考は創造的なパワーを活動させる推進力です。「確実な方法」に従って思考すれば、あなたはお金持ちになれますが、それには思考するだけでは十分ではありません。自分の行動にも注意を向ける必要があります。科学的、精神的に思考する人々の多くがつまずくのはそこです。思考と行動を一致させないからです。

人類はまだ発展途上段階にいて、自然の力も経由せず、人の手仕事もなしに、宇宙から直接何かを取り出すことはできません。人は思考するだけでなく、行動しなくてはならないのです。

思考することによって、あなたは山奥に眠る金を自分のもとに引き寄せることができます。しかし、それがひとりでに山から採掘され、製錬され、金貨となって、道をころがって、あなたのポケットの中に入ってくるわけではありません。神の強い意思が働くと、人々がその力に動かされ、誰かが鉱山で金を掘り、また別の人がそれぞれの商取引を行って、あなたのもとに金がもたらされるのです。あなたは自分の仕事をきちんと行って、それを受け取れるようにしなければなりません。あなたの思考が生物も無生物も仕事もすべてを創り出します。あなたの望みを満たすためにすべてを創造するのです。しかし、あなたはあなたのなすべきことをきちんと行って、それがあなたのもとに来た時に、しっかりと受け取れるようにしなくてはなりません。あなたはそれを恵んでもらったり、盗んだりしてはなりません。あなたは誰に対しても、受け取る金額以上の使用価値を与えなければならないのです。

思考の科学的な用い方とは、あなたの願望を明確でありありとしたイメージとして、心の中に描き出し、必ず手に入れるという決意を保ち続け、感謝の気持で確信し、実現させるということです。

思考がすべてをやってくれると思い込んで、神秘的な方法やオカルト的な手法で思考を発信するようなことはやめましょう。それは無駄な努力であり、健全な思考力を弱めるものです。

これまで、豊かになるために思考がもつ働きは十分に説明してきました。あなたは信仰と決意をもって、あなたのビジョンを〈宇宙〉に伝えなければなりません。宇宙もあなたと同じように繁栄を望んでいます。従って、あなたのビジョンが伝わると、宇宙のあらゆる創造力がすべてのルートで行動を開始し、あなたの方向へと向かって動き始めます。

ものが生み出される過程を指図したり管理するのはあなたの役目ではありません。あなたのなすべきことは、ビジョンを保ち、目的を忘れず、信仰と感謝を保ち続けることです。

しかし、実際にそれが自分のもとへと届く時に、それを受け取り、適当な場所に置くためには、あなたは「確実な方法」で行動しなければなりません。

あなたは次のことが、真実であることはすぐにわかるでしょう。実際にものがもたらされる時、それは他の人の手を経てあなたのもとにやってきて、相手はその代価を要求します。

あなたが自分のものを手に入れるためには、相手に彼のものになるものを与えなければなりません。

あなたの財布にお金がいくらでも入ってくるというわけではありません。あなたの努力なくしては、いつでもお金が十分にあることにはなりません。

受け取ることは、お金持ちになる科学で最も重要なポイントです。まさにここで、思考と行動が一致して働かなくてはならないのです。意識的であれ、無意識にであれ、あきらめずに強い願望を持ち続け、創造力を働かせているのに豊かになれないという人が沢山います。それは望みのものがもたらされているのに、受け取る準備ができていないからです。

思考によって、望んだものがもたらされます。そして、それを受け取るためには、行動が必要です。

あなたに必要な行動が何であれ、あなたは「今」、行動しなければなりません。過去にもどって行動することはできません。ですから心の中のビジョンを明確に保つためには、過去を心の中から追い出すことがとても大切です。また、未来はまだここにありませんから、未来に行動することもできません。将来、何かがあった場合、どのように行動するかは、その事態がやって来るまでわかりません。

自分の今の仕事は向いていないからとか、適切な環境にいないからと言って、将来、適切な仕事や環境が得られるまで、行動を先のばしすべきだと思ってはいけません。将来の緊急事態に対する最善策ばかりを考えて、今の時間を無駄にしないで下さい。緊急事態が来てもちゃんと対応できると、自分を信頼して下さい。

将来のことばかりを考えて行動していると、エネルギーが分散してしまい、あなたの現在の行動は成果をあげることができません。あなたの今やっていることに全霊を注ぎましょう。

何かを創りだしたいという強い思いを〈宇宙〉に発信しただけで、ただすわって結果を待っていてはいけません。それでは何もやって来ません。今、行動して下さい。「今」以外の時はありません。今を逃せば、将来も機会がめぐってくることはないでしょう。望んだものを手に入れるためには、今、行動し始めなければなりません。

あなたは今の仕事や現在の職場で行動しなければいけません。そして、今の環境の中で出会う人々やものごとに対して働きかけるのです。

あなたは今いないところで活動することはできません。過去にいたところでも、将来いると思われるところでも、活動することは不可能です。今いる所でしか、行動できないのです。

昨日の仕事はよくできたとか、うまくいかなかったとか、いつまでも考えていないで、今日すべきことをしっかりと行って下さい。

明日やるべきことを、今やろうとしないで下さい。明日になれば、そのための十分な時間があるでしょう。

オカルトや神秘的な手段によって遠くにいる人々や状況に働きかけてはいけません。環境が変わるまで待っていてはいけません。あなたが行動して環境を変えて下さい。今の環境に働きかけて、もっと良い環境に移れるようにすれば良いのです。

決意と確信を持って、より良い環境におかれた自分をイメージして下さい。そして誠心誠意、持てる力と知性のすべてを使って、あなたが今いる環境に働きかけて下さい。

夢想したり、砂上の楼閣を築いたりして、時間を無駄にしてはいけません。自分の願望のビジョンをしっかりと保ち、今すぐ行動を起こして下さい。

豊かになるための第一歩として、何か新しいことを探したり、風がわりな行動、普通でない行動、目立つ行動をしようと思わないで下さい。少なくとも当面は、あなたの行動はあなたが今やっていることとそれほど変わらないでしょう。ただ、あなたはこれらの行動を必ずあなたを金持ちにしてくれる「確実な方法」に従って行うようにします。

今、あなたが何かの事業をしていて、それが自分が本当にやりたいことではないと思っていても、自分に合った仕事につけるまで、「確実な方法」を始めるのを延ばしてはいけません。自分が今、正しい場所にいないからといって、あきらめたり、ただ座って嘆いていてはいけません。正しい場所を見つけられないほど不適当な場所にかれている人は誰もいません。適切な事業に移ることができないほど、間違った事業にかかわりすぎている人もいません。

自分にぴったりの事業をしている自分自身のビジョンを持ち続け、その事業を始める決意と信念を持ちなさい。そして、今いる場所で、「確実な方法」に従った行動を始めなさい。今の事業を、もっと良い事業に移るための手段として利用し、今いる環境をもっといい環境に移るための手段として利用しましょう。信念と決意を持って、あなたにとって一番適切な事業のビジョンを保持していれば、宇宙が適切な事業をあなたのところに向かわせます。そしてあなたの行動が、「確実な方法」にそって行なわれる限り、それは必然的にあなたを正しい事業へと動かしてゆきます。

もしあなたが人に雇われていて、欲しいものを手に入れるためには職場を変えなくてはならないと感じているならば、その思いを空中に放って、新しい職場を得ようとしても、おそらく成功しないでしょう。希望する仕事についている自分自身のビジョンを持つ一方で、決意と確信を持って、今、自分のしている仕事を一生懸命にやっていれば、必ず自分の欲する仕事につくことができるでしょう。

あなたがビジョンと確信を持ち続けることで、神の創造の力が働き、あなたにふさわしい仕事がもたらされるでしょう。そして、あなた自身の行動が自分のまわりの環境を動かし、あなたの行きたい職場と仕事がやってくるでしょう。

この章をしめくくるにあたり、要旨をもう一点、つけ加えておきます。

一、この世に存在するすべてのものを作っている「思考する物質」があります。この「思考する物質」は、その原始の状態において、宇宙空間のすみずみにまで広がり、浸透し、宇宙全体に充満しています。

二、この「思考する物質」（宇宙）の中に生まれる思考は、思い描いたとおりのものを作り出します。

三、人はさまざまなものを考え、それを〈宇宙〉へと発信し、それを形あるものとして生み出すことができます。

四、そうするためには、競争をやめて、創造的な思考を用いるようにしなければなりません。まず自分が望むもののイメージをはっきりと描きます。そして、確固たる決意とゆるぎなき信念をもって、そのビジョンを持ち続けます。

あなたの決意をゆるがせ、ビジョンを希薄にし、信念を危うくするようなものに関心を持ってはなりません。

五、もたらされるものを確実に受けとるためには、現在の自分の環境の中で、人とものとに働きかけなければなりません。

第12章　効率よく行動する

前章までに提示した法則に従って思考を使って下さい。あなたが今いる場所で、できることから始めましょう。そして、今の場所でできるすべてのことをやって下さい。先へ進むための唯一の条件は、あなたが今いる場所より大きくなることです。その場所でやるべきことをやり残していては、その場所より大きくなることはできません。今いる場所からはみ出してしまう人がいてこそ、世界は発展してゆくのです。もし、今いる場所で、そこそこの仕事しかしない人ばかりであったら、すべての点において後退してしまうでしょう。

自分の今いる場所での役割を十分に果たすことのできない人は、社会、政府、商業、そして産業において重荷でしかありません。他の人たちが多大な犠牲をはらって、彼らの穴埋めをしなければならないからです。つまり、自分が現在している仕事を十分にできない人は、世の中の進歩を妨げているのです。彼らは過去の遺物ともいえる人々で、活力や志が低く、退化の傾向がある人たちです。今、与えられている仕事を十分に行えない人ばかりでは、社会は発展しません。社会の発展は、肉体的、精神的な進化によって導かれるからです。動物の世界では進化は生命力の高まりによって生まれます。

ある生物が、その生物のもつ機能以上の力を発揮するようになると、それはもっと上の段階の器官を発達させ、新しい種が生まれます。

どんな生物も自分がもっている場所からはみ出るほど大きくならなければ、新しい種は生まれてはこなかったことでしょう。この法則はあなたにも同じように働きます。あなたがお金持ちになれるかどうかは、この原則を自分自身に適用できるかどうかにかかっています。

一日一日が成功するか、失敗するかのどちらかです。そして、成功する日とはあなたを目的に近づけてくれる日のことです。もし、毎日が失敗の連続であれば、決してお金持ちにはなれないでしょう。もし、毎日が成功であれば、あなたは必ず豊かになります。

もし、今日何かやらなくてはならないことがあるのに、それをしなかったとしたら、そのことに関しては失敗したことになります。しかもその結果は、自分で思っているよりももっと深刻かもしれません。

どんなに小さなことであっても、それがどんな結果をもたらすかは、前もってはわからないものです。あなたのために動くようにセットされた力がどう働いているのか、あなたにはわからないからです。あなたのささいな行動が、大きなものにつながっているかもしれません。それこそが、すばらしい可能性への扉を開く鍵《かぎ》なのかもしれません。

あなたのために〈神の偉大な力〉があらゆるものごとや人間関係をどのような組み合わせで用意しているかはわからないからです。ですから、ちょっとしたことを怠ったり失敗したりしたために、自分の思いが成就するのを遅らせてしまうこともあり得るのです。

毎日、その日にできることはすべて、その日のうちにやってしまいましょう。しかし一つ、知っておかなければならないことがあります。働きすぎたりできるだけ短期間にできるだけ多くの仕事をしようと、あせってはいけません。

明日の仕事を今日のうちにやってしまおうとか、一週間分の仕事を一日で終らせようとしてはなりません。

いかに多くのことをしたかが大切なのではなく、それぞれの活動の効率が問題なのです。

一つひとつの行動は効率が良いか悪いかのどちらかです。効率の悪い行動は失敗を意味し、効率の悪い行動ばかりしていると、一生が失敗に終ってしまいます。効率の悪い行動（たとえば食べすぎとか、夜ふかし、薬物依存）が多ければ多いほど、あなたのために良くありません。

それとは逆に、効率の良い行動はそれ自体が成功であり、行動のすべてが効率的であればあなたの人生は必ず成功します。

効率の悪い行動が多くて、効率の良い行動が十分でないことが、失敗の原因です。

効率の悪い行動はいっさいせず、効率の良い行動を十分に行えばお金持ちになる、ということは自明のことです。もしすべての行動を効率的に行うことができれば、お金持ちになることは数学のように明確な科学だということがわかるでしょう。

すると、一つひとつの行動を成功させることができるかどうか、という問題になります。そしてそれはもちろん可能です。

あなたはすべての行動を成功させることができます。それは〈無限の神〉があなたと共に働いており、この〈無限の神〉に失敗はないからです。

〈神の偉大な力〉は、常にあなたのために存在しています。あなたの行動を効率的にするためにあなたがすべきことは、〈あなた自身の力〉をそこにそそぐことだけです。

すべての行動は、力強いか、弱いかのどちらかです。そして、すべての行動が力強い場合は、あなたは豊かになるための「確実な方法」に従って行動しているのです。

ビジョンをしっかりと保持し、全力で信念と決意をこめた行動は、すべて力強く効率的です。

思考と行動をちぐはぐに行う人は失敗します。彼らは、ある時、ある場所で思考し、別の時に別の場所で行動する人たちです。そのために彼らの行動自体がうまくゆきません。ほとんどは非効率的だからです。しかし、〈神の力〉をすべての行動にこめれば、それがどんなに普通のことであっても、その行動自体が成功します。そして一つが成功すると、次々と成功への道が開かれてゆきます。あなたが望んだものが近づいてくるスピードも、望んだものにあなたが近づいてゆくスピードもどんどん速まってゆくでしょう。

成功を重ねてゆくと、さらに大きな成功がやってきます。ある人が生き生きとした人生を生き始めると、ますます多くのものがその人に向かってやってきます。そして彼の欲求が与える影響は何倍にも大きくなってゆきます。より大きな生命を発揮してゆきたいという欲求は、全てのものに生まれながらに備わっているからです。

毎日、その日にできることは全てやりましょう。そして全てを効率的に行なって下さい。

どんなに小さな、あたり前のことであっても、行動する時はビジョンを持ち続けなさいと言いましたが、細かいところまでいつもきちんと見るべきだと言っているわけではありません。暇な時間がある時に、あなたのビジョンの細かいところまで想像力を働かせて、頭の中にしっかりと刻みつけて下さい。

もしもなるべく早く結果を得たいのであれば、自由時間は全てこの作業に使って下さい。いつもこの作業をやっていれば、欲しいもののイメージを頭の中にしっかりと焼きつけることができるようになります。そしてその思いは〈宇宙〉に完全に伝えられます。そうなると、仕事をしている時間は、そのイメージを呼び起こすだけで、決意と信念を新たにし、最善の努力ができるようになるでしょう。自由な時間がある時には、いつもそのイメージについて考え、いつでもすぐに全体を思い浮かべられるようにしておくのです。そのイメージが約束する明るい未来に心が躍って、それを思い浮かべるだけで、体全体にエネルギーが充満し、とても元気になるでしょう。

ここでもう一度、要旨をくり返しておきます。最後の法則については少し変更を加え、この章で得られた重要な点をつけ加えます。

一、この世に存在するすべてのものを作っている「思考する物質」があります。この「思考する物質」は、その原始の状態において、宇宙空間のすみずみにまで広がり、浸透し、宇宙全体に充満しています。

二、この「思考する物質」（宇宙）の中に生まれる思考は、思い描いたとおりのものを作り出します。

三、人はさまざまなものを考え、それを〈宇宙〉へと発信し、それを形あるものとして生み出すことができます。

四、そうするためには、競争をやめて、創造的な思考を用いるようにしなければなりません。まず、自分が望むもののイメージをはっきりと描きます。そして、確固たる決意とゆるぎない信念を持って、毎日、その日にできることはすべてその日のうちに、しかも効率よくしなければなりません。

第13章　最適な仕事を見つける

どんなビジネスの分野においても、成功するかどうかの鍵《かぎ》は、そのビジネスに必要な能力があなたに十分に備わっているかどうかです。

もし、音楽の才能がなかったら、有能な音楽教師として成功することはできません。機械についての十分な能力がなければ、機械の取引で大きな成功をおさめることはできないでしょう。機転と商才を持ちあわせていなかったら、商売で成功する人はいないでしょう。しかし、希望の職業に必要な能力を十分に備えていたとしても、必ずしもお金持ちになれるとはかぎりません。すばらしい才能に恵まれているのに、貧乏のままでいる音楽家は沢山います。また、すぐれた技術を持ちながらも、豊かになれない鍛冶屋《かじや》や大工たちもいます。そして、取引には熟達しているのに、お金持ちになれない商人もいます。

違いをもたらすものは、道具の使い方です。そして、そのよい道具を正しい方法で使うことも、とても重要なことです。美しい家具を作るためにはきちんと目立てをしてよく切れる鋸《のこぎり》、曲尺《かねじゃく》、なめらかに削れる鉋《かんな》などのよい道具が必要です。ある職人が作った家具を別の職人が同じ道具を使って作ろうとしても、うまくゆくとは限りません。その職人はよい道具をどのようにうまく使えばよいか知らないからです。

あなたの頭脳が持つ能力はあなたの「道具」です。豊かになるためには、あなたの能力を利用して仕事をしなくてはなりません。あなたに備わった知的な道具を生かせる仕事をすれば、成功するのはずっとやさしくなります。

一般的に言えば、あなたの一番の強みを生かした仕事、生まれながらに「最も向いている」仕事をすれば、うまくゆくでしょう。しかし、これも必ずというわけではありません。天職は生まれつきの性質によって一つに決まっている、と考えてはいけません。

あなたはどんな仕事をしても豊かになれるのです。たとえその職業にふさわしい才能がなくても、その才能を発達させ、みがくことができるからです。生まれ持った才能だけを使おうとせずに、仕事をしながら能力を身につければいいのです。すでに十分に才能を伸ばした分野で成功する方が簡単でしょうが、どんな職業でも成功することはできます。なぜなら、どれほど未熟な才能でも伸ばすことはできますし、あなたはどんな才能でもいくらかは持っているからです。

あなたに最も向いている仕事をすれば、楽々と豊かになれるでしょう。しかし、自分がやりたいと思う仕事をやった時に、最も満足のゆく結果を得ることができるのです。

自分がやりたいと思うことをするのが人生です。気の進まないことばかりをさせられて、やりたいことができなければ、心からの喜びを感じることはできません。それに、自分のやりたいことなら、必ずできるはずです。やりたいと思う気持があるということは、あなたの中にそれをやりとげる力がある、という証拠なのです。

やりたいという気持こそ、持てる力のあらわれです。

音楽を演奏したいという欲求は、表現と発展を求めている力のしるしです。機械を発明したいという思いもまた、開発され、表現されたがっている力のあらわれです。
もし、あなたの中にパワーがなければ、それをしたいという欲求は生まれません。もし何かをしたいという強い欲求があれば、それはあなたの中に、それをしたいという強い力があり、正しい方法で伸ばされ、活用される必要があるというしるしなのです。

特にこれといったものがなければ、得意分野の才能を活かせる仕事を選ぶのがベストでしょう。しかし、何かをどうしてもやりたいという願望が強ければ、その仕事を究極の目的としましょう。

あなたがやりたいことはきっとできます。自分に一番合っていて、一番楽しい仕事や職業を選ぶのは、あなたの当然の権利であり、特権でもあります。

好きでない仕事をする義務はありません。やりたい仕事につながる手段としてであれば別ですが、やりたくない仕事をずっとやっていてはいけません。

もし、過去のまちがいの結果として、あなたが望まない仕事や環境に身を置いている場合は、当面は、今の仕事を続けなければなりません。そして、今の仕事は本当に自分のやりたいことを可能にする手段だとわかれば、楽しく働けるようになるでしょう。

たとえ、今の仕事は自分に合っていないと思ったとしても、別の仕事をあわててさがそうとしてはいけません。職場や環境を変える最良の方法は、あなたがその場所で成長することなのです。

目の前にチャンスがやって来て、慎重に考えた上で、それが確かにチャンスだと感じた時には、突然で急激な変化を恐れてはなりません。しかし、そうしない方がいいと疑いを感じたら、急激な行動をとってはいけません。

あなたが創造的な力を働かせる時は、急ぐ必要はありません。チャンスはいくらでもめぐってくるからです。

競争心を捨ててしまえば、あせって行動する必要がないとわかります。あなたがやりたい事を奪い取ろうとする人など、一人もいないからです。すべての人に十分なものがあります。ある場所が誰かにとられたら、いずれ、別のもっと良い場所があなたのために用意されるでしょう。時間は十分にあります。もし、迷いがある時には、待ちましょう。今一度、あなたのビジョンについて考えてみましょう。そして、決意と確信を深めて下さい。不安と優柔不断の気持にゆれた時こそ、感謝の気持を育てましょう。

一日か二日間、あなたの欲するもののイメージについて考えを深めそれが実現されつつあると心から感謝をしてすごしてみて下さい。するとあなたの心と崇高なる神は深く結びつき、次に行動する時は、何もまちがいを犯さなくなるでしょう。

すべてを知っている〈神の心〉があります。あなたが深く感謝する時、信仰と前進しようという決意によって、あなたはこの〈神の心〉とひとつに通いあうことができるのです。

あやまちが起こるのは、あせったり、恐れたり、疑ったり、「正しい目的」を忘れたりする時です。正しい目的とは、すべての人に豊かな人生を与え、誰からも奪わないということです。

「確実な方法」に従うならば、機会はどんどんやってくるようになります。決意と信仰を常に持ち、敬虔《けいけん》な感謝の念を持って、〈神の心〉と触れ合うようにして下さい。

毎日、その日にできることを完全に心をこめてやり終えましょう。しかし、その時、あせったり、恐れたり、心配するのはやめましょう。あなたのペースで、できる限り早くやりましょう。しかし、決して急いではいけません。

急ぎ始めた瞬間、あなたは創造者ではなくなり競争になります。また、古い型にもどってしまうのです。

自分が急いでいると感じたなら、たちどまって下さい。あなたが望むもののイメージを思い浮かべて下さい。そしてその願望がかないつつあることに感謝して下さい。この感謝は、必ずあなたの確信を深め、決意を新たにするのです。

第14章　繁栄の法則

仕事を変えるか、変えないかは別として、**今している仕事を一生懸命にして下さい。**今まで積みあげてきた仕事をこれからも日々「確実な方法」で行い、今の仕事を建設的に利用することによって、あなたは本当にしたい仕事につくことができます。そして、あなたの今の仕事が、電話あるいは手紙などで、または直接に人とかかわるものであれば、相手の心に「繁栄の感覚」を伝えることがとても大切です。

繁栄とはすべての人が求めているものです。それは人間の中にある〈無形の知〉の完全に表現されたいという強い欲求のあらわれです。

繁栄したいという願望は自然界のすべてのものの中に存在しています。それは宇宙の本質的な衝動です。人間のあらゆる活動の根底には繁栄したいという願望があります。人々はもっと食糧が欲しい、もっと衣類が欲しい、もっといい家が欲しい、もっとぜいたくがしたい、もっと美しくなりたい、もっと知りたい、もっと楽しみたい、などと、より豊かになること、より活力を高めるものを望んでいます。

あらゆる生きものは持続的な繁栄を続ける必要があります。繁栄がとまってしまうと、すぐに衰退し、死んでしまうのです。

人間は本能的にそのことを知っているため、永遠に多くを求め続けているのです。この繁栄の法則について、才能のたとえ話の中でイエスが次のように言っています。「持っている人はさらに与えられ、持っていない人は、持っていると思っているものまでも、取りあげられるであろう」（「ルカによる福音書」第8章18節）

「豊かになりたい」という願望は自然なもので、邪悪なものでも、非難されるべきものでもありません。それはただ単にもっと豊かな生活がしたいという願望にすぎません。その願望は最も根元的な本能であるために、人々はより豊かな生活手段を与えてくれる人に魅力を感じるのです。

これまでに述べた「確実な方法」に従えば、あなたは繁栄し続け、あなたと関わるすべての人々に繁栄をもたらします。あなたは創造力の源となり、すべてのものに繁栄を与えるのです。

このことを確信して下さい。そしてあなたと関わる人々、男性、女性、子供たちにこの事実を伝え、わからせてあげなさい。どんな小さな取引であっても、たとえば小さな子供にキャンディひとつを売るような場合でも、繁栄の思い（愛）をその取引に込め、相手にそれが間違いなく伝わるようにしましょう。

何をする場合にも、豊かになる感覚を伝えなさい。そうすれば、あなたが〈有望な前向き人間〉であり、あなたと取引をすれば自分も豊かになれると、みんなが感じるでしょう。また、商売以外で出会う人々に対しても繁栄の気持を与えるようにしましょう。

この感覚を伝えるためには、あなた自身が「豊かになりつつある」というゆるぎない感覚を持ち、この信念をあなたの行動のすべてにゆきわたらせなければなりません。

何をする時にも、自分は進歩している、そしてあらゆる人々を進歩させていると確信してそれを行いましょう。あなた自身がどんどん豊かになってゆくことを実感して下さい。それによって、他の人も豊かになり、すべての人々に利益がもたらされていることも感じましょう。

自分の成功を自慢したり、それについて不必要にしゃべったりしてはいけません。本物の信念は自慢するものではありません。

自慢する人は、ひそかに迷ったり、恐れたりしているものです。ただ確信すれば、それはすべての取引に表れてきます。すべての行動や、声の調子や表情に、あなたがお金持ちになりつつあることや、すでに豊かであることを、無言のうちにはっきりと示して下さい。こうした気持を伝えるために言葉は必要ではありません。あなたがいるだけで、人々は豊かさを感じ、あなたの魅力に引きつけられるでしょう。

あなたと接することによって、自分も繁栄できるという感覚を相手が持つように、印象づけて下さい。そうすれば彼らから受け取った代価以上の利用価値を相手にもたらすのです。

常に真摯《しんし》な誇りを持ってそれを行い、そのことを皆が知るようになれば、顧客はいつも来てくれるようになるでしょう。人々は繁栄をもたらす所へと行くでしょう。そして、万物の繁栄をお望みになる全知全能の神は、あなたのことを知らなかった人たちをあなたの元へと向かわせて下さるでしょう。あなたの仕事は急速に発展し、驚くべき予想外の利益がもたらされるでしょう。あなたは日々売上げを伸ばし、利益を増大させ、望めばもっとふさわしい仕事をすることもできるようになるでしょう。

しかしながら、こうした仕事をしている時も、自分の望むもののビジョンや、それを手に入れる決意と信念を忘れてはなりません。

ここで、行動の動機についてもうひとつ、注意しておきたいことがあります。知らぬまにしのびよる他人を支配したいという誘惑に乗ってはなりません。

未熟で未完成な人間にとって、他の人々に対して支配力をふるうほど快感を覚えることはありません。自分勝手な満足のための支配欲は、これまで世界にとって害悪となってきました。実に長い間、王や貴族たちは、みずからの領土を広めるための戦いで大地を血で染めてきました。すべてのものにより多くの命を与えるためではなく、自分たちがより大きな権力を手にするためでした。

今日でも、実業界においても産業界においても、主たる動機は同じです。人々はドル札の軍隊を整列させ、より大きな支配権をめぐって争奪戦をくり広げ、何百万人という人々の人生や心を荒廃させています。産業界の大物も政治家も、権力欲につき動かされているのです。

イエスはこの権力欲は悪魔にそそのかされた衝動であるとし、滅ぼそうとしました。「マタイによる福音書」の第23章を読んで下さい。そうすれば、パリサイ人たちがいかに「先生」と呼ばれ、上座につき、人々を支配し、重い荷物を人々の肩に載せようとしているかがわかるでしょう。パリサイ人の支配欲と、イエスが弟子たちに教えた万人の幸せを目的とする「兄弟愛」を、イエスがどのように比較しているかに注意して下さい。

権力を追い求める、「先生」と呼ばれたい、自分を高みにおく、ぜいたくをして人に見せつける、などという誘惑に、気をつけて下さい。

人を支配したいという気持は競争心であり、創造的な心ではありません。あなたの環境や運命を思い通りのものにするためには、同胞を支配する必要はありません。そして、地位をめぐる競争社会に足を踏み入れてしまうと、あなた自身が運命と環境に支配されてしまうのです。そして豊かになるには、運をたのむか、投機をするかしかなくなってしまうのです。

競争心には気をつけましょう。オハイオ州のトリド市長だったサミュエル・ジョーンズの「黄金律」ほど、創造的な活動について、よく言いあらわした文言はありません。それは、「**何事も、人からして欲しいと思うことは、他の人にもその通りにしなさい**」というものです。

第15章　前向きな人になる

前章に書いたことは、商売にかかわる人だけでなく、専門職の人にもサラリーマンにも当てはまります。

どんな職業であろうと、他の人々に繁栄をもたらし、それを彼らが感じることができれば、あなたのもとに人々は集まり、あなたはお金持ちになれるでしょう。

医師が自分は良いヒーラーであり、必ず成功するというビジョンを持ち、その実現にむけて、断固とした決意と確信を持って仕事をするならば、彼は神と密接に触れ合って、やがて驚くほど成功して、患者が群れをなしてやって来るようになるでしょう。

開業医ほど、この本の教えを活《い》かすチャンスを持つものは他にいません。その医師がどの学派に属しているかは問題ではありません。というのは、治療の原理はどの学派にも共通であり、誰もが手に入れられるからです。開業医の世界で〈前向きな人〉は、成功した自分自身のイメージをはっきりと持ち、決意と確信と感謝の法則に従って、自分のところにやってくる全ての患者を、自分の治療法を使ってなおしてしまうことでしょう。

宗教の分野では、豊かになるための科学的な方法を教えることができる牧師を切実に求めています。豊かになるための科学的方法を習得して、しかも健康や人望や愛に恵まれる方法と合わせて説くならば、どこの教会からもひっぱりだこになるでしょう。これこそが世界が求めている福音だからです。この福音こそ人々の生活を繁栄させるものです。人々は喜んでそれを聞き、知識をもたらしてくれた牧師を惜しみなく支援することでしょう。

今、必要なことは、説教壇に立つ牧師自身が、人生の科学を実行して実例を示すことです。その方法を説くだけでなく、自分自身でその方法を実行してみせる牧師が必要なのです。お金持ちで、健康で、人望があり、愛される牧師に、どうしたらそうなれるかを示してもらいたいのです。もしそのような牧師が現われれば、大勢の人々が彼の話に耳を傾けるでしょう。

教師にも同じことが言えます。前向きな生き方を信念と決意を持って、子供たちに教え、インスピレーションを与えることができる先生です。そのような先生は絶対に職を失うことはないでしょう。この信念と決意を持った先生は、前向きの人生観を生徒に教えることができます。もし前向きの姿勢が先生自身の生き方であれば、それが生徒に伝わらないはずがありません。

先生、牧師、医者に言えることは、そのまま弁護士、歯医者、不動産業者、保険外交員、その他全ての人にもあてはまります。

これまで説明したように、思考と行動を一体化させれば、失敗はあり得ません。着実に、根気よく、しかも正確にこの教えに従えば、誰でも必ず豊かになれます。「繁栄の法則」は引力の法則のように数学的に正確です。豊かになることはまさに科学なのです。

賃金労働者やサラリーマンにとっても、この法則はあてはまります。サラリーは少なく生活費は高く、出世の可能性が全く見えない職場にいるからといって、豊かになるチャンスがないと悲観してはなりません。自分の欲するものの明確なビジョンを描き、決意と信念を持って行動し始めましょう。

毎日、自分にできるすべての仕事をやりとげましょう。どんな仕事も、成功へ向けて完全にやりとげましょう。一つひとつの仕事に豊かになろうという決意とパワーをこめましょう。しかしこれは経営者のごきげんをとるためではありません。上司があなたの仕事ぶりに感心して、出世させてくれるのではないかと期待しても、彼らがそうすることはほとんどあり得ないからです。

よく働き、自分の場所で満足しているような、単なる善良な労働者であれば、雇い主には価値があります。しかし、彼はそういう労働者を昇進させる気はありません。今いる場所に置いておく方が価値があるからです。

確実に進歩するためには、今の仕事を十分にやるというだけでは足りません。確実に進歩する人とは、今の立場におさまりきらない上に、何になりたいのか、自分ではっきりと知っている人です。そしてなりたいものになると決意し、自分はなりたいものになれると知っている人です。

雇い主をよろこばせようとして、自分の仕事以上のことをしてはいけません。それは自分を向上させるためにすることです。勤務中も、仕事が終ってからも、仕事を始める前も、もっと成長するのだという決意と確信を持ち続けて下さい。


あなたが接するすべての人、上司も同僚も職場以外の人々が、あなたが発している強いオーラを感じるほどに、決意と確信を持ち続けなさい。あなたがそれほどの決意と確信を持てば、あなたに接する人々もその影響を受け、自分自身もまた前向きになり繁栄するという感覚を得るでしょう。すると、いろいろな人があなたに引きつけられてくるでしょう。そして、あなたが今いる仕事にはこれ以上の可能性がなければ、やがて、別の仕事に移る機会がやってきます。

法則に従って活動している前向きの人間には、宇宙から必ずすばらしい機会が与えられるのです。

「確実な方法」に従って行動するならば、神はあなたに手をさしのべずにはいられないのです。神は御自身を助けるために、そうせざるを得ないのです。

どんな状況やどんな職場も、あなたをいつまでも押さえつけておくことはできません。もしあなたが大企業で働いていてお金持ちになれないのであれば、一〇エーカーの農地を手に入れて豊かになることもできるでしょう。「確実な方法」に従って行動を始めれば、大企業の歯車から逃げ出して、農場でも、どこへでも、行きたいところへ移ってゆくでしょう。

もし、数千人の労働者が「確実な方法」に従って行動するようになれば、その会社はすぐに苦境に陥るでしょう。そして労働者に機会を与えるか、廃業するかのどちらかになります。誰も低賃金で働かなくてはならないということはありません。大企業が労働者を救いようのない状況においておけるのは、労働者が豊かになる科学的な方法を知らないか、なまけ心からそれを実行できないでいる場合だけです。

さあ、「確実な方法」に従って、考え、行動し始めましょう。そうすれば、状況を改善するための機会がやってきた時、すぐにわかるはずです。

そして、そのような機会はすぐにやってきます。すべての中で、あなたのために働いている神が、あなたにチャンスを運んでくるからです。

願望のすべてがかなう機会を待っていてはなりません。今よりも良くなる機会が訪れ、そちらの方へ行った方がいいと感じた時は、そちらに進んで下さい。それは、もっと大きな機会に向けての最初の第一歩となるでしょう。

この宇宙の中で、前向きに生きようとしている人間にチャンスが訪れない、ということはありません。

この宇宙のなりたちの中には本来的に備わった性質があります。この宇宙のすべてのものは、前向きの人間のためにあり、彼を豊かにするために、すべてが協力して働く、という性質です。「確実な方法」に従い、思考し、行動すれば、誰でも必ず豊かになれるのです。どうか、今、賃金労働者であってもサラリーマンであっても、この本を注意深く学んで、自信をもって行動して下さい。あなたは必ず成功します。

第16章　いくつかの注意点

多くの人々は、豊かになるための客観的で明確な科学がある、と言っても信じようとはしないでしょう。彼らは富の供給は限られていると思い込み、社会体制や政府の機構が変わらなければ、人々は富を得ることができないと主張するでしょう。

でも、この考えはまちがっています。

確かに、現在の政府のもとでは多くの人々が貧しいままです。しかし、それは貧しい人々が「確実な方法」に従って、思考し、行動していないからです。もし大衆が、本書の教えに従って行動するならば、政府も産業界もそれを抑えこむことはできません。もし、こうした動きが高まってゆけば、あらゆる体制が改変されなくてはならなくなるでしょう。

もし、人々が前向きの気持と、自分も豊かになれるという確信を持って動き始めれば、なにものも彼らを貧困のままにとどめることはできません。

人は誰でも、いつからでも、どのような政府のもとでも「確実な方法」を取り入れて、豊かになることができます。そして、そのような人々の数がどんどん増えてゆけば、どのような政府のもとでも、彼らは体制を変革し、他の人々のために道を開いてゆくでしょう。

競争原理による金持ちが増えれば増えるほど、他の人にとって、状況はもっと悪くなります。創造性を使って豊かになる人が増えれば増えるほど、他の人にとっても状況は良くなります。

大衆を経済的に救済するためには、できる限り多くの人々がこの本に書いてある科学的な方法に従って豊かになる以外に、方法はありません。こうした人々は、他の人々にこの方法を伝え、彼らに充実した人生を望む気持や、必ず達成できるという確信と決意を奮い立たせてゆくでしょう。

しかし、今のところは、現在の政府や資本主義、あるいは競争主義に基づく産業のもとであっても、あなたには豊かになれる方法があるということを知っているだけで十分です。あなたが思考を創造的に用いることができるようになれば、そうしたものをすべて超越し、別世界の住民になれるからです。

ただし、常に創造的な思考を必ず保って下さい。与えられるものに限りがあると思ったり、他人と競争をしたりしてはいけません。

自分が古い思考のパターンに陥った時は、すぐに考えなおして下さい。競争心がめばえると、あなたは宇宙からの協力を失ってしまうからです。

未来に起こるかもしれない不測の事態を心配して、時間を無駄にするのはやめましょう。明日のことは心配せずに、今日の仕事に全力投球しましょう。明日、何かが起これば、その時に対応すればよいのです。

万が一、起こるかもしれない、地平線の向こうに浮かんでいる問題にどう対処しようかと心配するのはやめましょう。今すぐ進路を変えなければその障害を避けられないという場合以外は、放っておけばよいのです。

遠くからはどれほど大きな障害に見えたとしても、「確実な方法」に従っていれば、それは近づくに従って消えてゆくでしょう。さもなければ、それを回避する道が必ずあらわれます。

どれほど多くの困難が一度にやってきたとしても、科学的な法則に従ってお金持ちへの道を進んでいる人は、打ちのめされることはありません。それは2×2は必ず4になるのと同じことです。

将来起こるかもしれない災害、障害、恐慌や、その他良くないことが一度にやってくるのではないかと心配してはなりません。対処する時間は、それが実際にやってきた時に、十分にあります。どんな問題であっても、必要な解決法が内在しているということがわかるでしょう。

自分の話すことに注意して下さい。自分自身のことや、自分の抱えている問題、その他何を話す時も、否定的で、やる気をなくさせるような話し方をしてはいけません。失敗の可能性について触れたり、失敗をうかがわせるような話し方もしてはなりません。

不景気だとか、景気の先行きが不安であるということは話題にしてはいけません。いつも競争ばかりしている人にとっては、いつの時代も困難な時代で、景気の先行きは不安かもしれません。しかしあなたにとっては違います。あなたは望むものを創り出すことができます。あなたは不安を超越しています。他の人たちが困難な時代や不景気にあえいでいる時も、あなたは最高のチャンスを見つけるでしょう。

世界は発展途上にあるものと認識できるようになって下さい。そして、悪に見えるものは、まだ未発達なだけなのだと考えるようにしましょう。常に前向きの言葉で話しましょう。うしろ向きな言葉を使うことは、信仰を否定することであり、信仰を否定することは信仰を失うことです。

どんな時にも失望してはなりません。特定の時期に、特定のものを期待していたのに、その時期に手に入れることができないこともあります。それは失敗に見えるかもしれません。しかし、あなたに確信があれば、失敗だと見えたものは、ただそう見えただけだとわかるでしょう。

「確実な方法」に従って進み続けて下さい。そうすれば、望んだものが得られないとしても、それよりももっといいものが手に入ることでしょう。そして、失敗だと思ったものが、本当はすばらしい成功への序曲だったことがわかるでしょう。

この方法を学んだ人が、これは良い話だと思って、ある事業の合併を計画しました。

彼は何週間もその実現に向けて努力しました。しかし、重要な時期にさしかかった時、その計画は全く不可解な成り行きで失敗しました。まるで目に見えない力が、ひそかに彼が不利になるように働いたかのようでした。しかし、彼は失望しませんでした。それどころか、希望がくつがえされたことを神に感謝し、感謝の気持を持って、さらに仕事を続けました。すると数週間後、前の取引がうまくゆかなくて良かったと思えるほどのすばらしいチャンスがやってきたのです。彼は自分の知を超えたところにおられる神が自分を導き、小さな利益にかかずらって、大きな利益を失うのを防いでくれたのだとわかったのでした。

もし、確信を持ち続け、決意を保持し、感謝の気持を持って、毎日、その日にできることはその日のうちにやり終えるならば、失敗と見えたものは、実は良い結果をもたらしてくれるのです。

失敗をするのは、あなたが十分に求めなかったからです。求め続けなさい。そうすれば求めている以上にすばらしいものが、確実にやってきます。このことをどうぞ忘れないで下さい。

自分のやりたいことがあるのにそれに必要な才能がないという理由で、失敗することはありません。私が教えたとおりにすれば、あなたは望みの仕事に必要な才能を、すべて開発することができます。

才能を開発する方法は本書の内容には含まれていません。しかしそれは、豊かになる方法と同様に、確実で、容易な方法です。

あるところまでくると、才能不足のために失敗するのではないかと恐れて、先へ進むのをためらってしまうかもしれません。どうか、ためらわないでそのまま続けて下さい。そうすれば、そこまで来た時には、必要な能力はあなたに備わっているでしょう。十分な教育を受けなかったリンカーンに、歴史上で最も偉大な業績を成しとげさせた能力の源はあなたにも開かれているのです。あなたは自分に課せられた責任をまっとうするためであれば、神の源からいくらでも必要な力を引き出すことができます。完全な信仰を持って進んで下さい。

本書をしっかりと学んで下さい。いつも、あなたの友として、ここに書かれた内容を全部、修得して下さい。この本に書いてあることがあなたの確信となるまで、気ばらしや、楽しみはできるだけ減らして下さい。そして、本書の内容と相容れない考え方を奨励する講義や説教が行なわれる場所には、近づかないようにしましょう。悲観的な本や、この本の内容と相容れない本を読んではいけません。本書の冒頭にあげた哲学者たち、デカルト、スピノザ、ライプニッツ、ショーペンハウエル、ヘーゲル、エマーソンの著作以外は読まない方が良いでしょう。暇な時間はあなたのビジョンについて考え、感謝の気持を育《はぐく》み、本書をよく読むことに使って下さい。本書には、豊かになるための科学のすべてが書かれています。次章にはこの本の大切な部分がまとめられています。

第17章　まとめ

一、この世に存在するすべてのものを作っている「思考する物質」があります。この「思考する物質」は、その原始の状態において、宇宙空間のすみずみにまで広がり、浸透し、宇宙全体に充満しています。

二、この「思考する物質」（宇宙）の中に生まれる思考は、思い描いたとおりのものを作り出します。

三、人はさまざまなものを考え、それを〈宇宙〉へと発信することによってそれを形あるものとして生み出すことができます。

四、そうするためには、競争をやめて、創造的な思考を用いるようにしなければなりません。そうしなければ、競争心とは無縁の、常に創意に満ちた〈宇宙〉と力を合わせることはできません。

五、〈宇宙〉と完全に一体となるためには、その恩恵に常に深い感謝の気持を持つことが必要です。感謝は人の心と「思考する物質」の心をひとつにし、それによって個人の思考を〈宇宙〉は受け取ります。常に深い感謝の気持を持ち続けて宇宙の叡知《えいち》と一体化することによって、人は創造性の領域にとどまることができます。

六、私たちは、自分が手に入れたいもの、したいこと、なりたいものの正確で明確なイメージを描かなければなりません。そのイメージをずっと持ち続けると共に、神がその希望をかなえてくれることに対して、深い感謝の気持を持ち続けることが必要です。豊かになりたいと望む人は、暇な時間には自分のビジョンについて深く考え、同時に、この希望がすでにかなえられつつあることに心から感謝をしましょう。

ゆるぎない確信と心の底からの感謝の気持を持ちながら、常に心の中のイメージについて深く考えることが何よりも重要です。それによって、イメージが宇宙に発信され、創造力が働きはじめるのです。

七、創造的なエネルギーはすでに存在している自然の成長の経路や、産業や社会秩序などの経路を通って働きます。あなたがイメージしたことはすべて、本書に書かれている「確実な方法」に従えば、あなたのもとにやってきます。望んだものは、既存の流通経路を通って、あなたにもたらされます。

八、自分の望むものがやってきた時に、それを受け取るためには行動が必要です。まず第一に今の仕事に全力を尽くして、今の仕事におさまりきらなくなる必要があります。第二に、思い描いたイメージを実現して豊かになるという決意を持ち続けなければなりません。第三に、毎日、その日のうちにできることはすべて行ないましょう。第四に一つひとつの行動を完全に成功させるようにします。第五に自分が受け取る代金よりも大きな使用価値をすべての人に与えるようにし、あなたと取引をする人の人生がより豊かになるようにしましょう。第六に常に前向きな姿勢を持ち、それがあなたと接する人々にも必ず伝わるようにしましょう。

九、ここまでに示した教えを実行すれば、誰でも必ず豊かになります。そしてあなたの受け取る豊かさは、イメージの正確さ、決意のかたさ、信仰の強さ、感謝の深さに正確に比例するでしょう。

4．豊かになれるかどうかは、必ずしも貯蓄や倹約の結果ではないことを証明して下さい。

5．豊かになるのは、人が顧みないことや、見過ごしている仕事をやったからではない、ということを証明して下さい。

6．ある「確実な方法」に従ってものごとを行うことは、それほど難しくない、ということを証明して下さい。

7．豊かになるためには地の利がどんなに大切かを示して下さい。

第3章

1．機会は独占できないことを示して下さい。

2．世界中の労働者の将来は、彼ら自身が創り出せることを証明して下さい。

3．「目に見えない供給」とは何を意味しているのでしょうか。

第4章

1. 思考は無形の本質（宇宙）からどのようにしてものを創造するのですか。
2. 人間とは何でしょうか。人間はどんな力を持っていますか。
3. 第4章のまとめ（四十一頁）をもう一度読んで下さい。理解できますか。あなたはそれを信じることができますか。それはどのようにしたら証明できますか。
4. 表面に表れているすべてのものの裏側にどんな基本的な事実がありますか。
5. 豊かになる科学を実行する場合、あなたがしなければならないこと、そして信じなければならないことは何でしょうか。

第5章

1. 神はあなたに豊かになってもらいたいと思っているという事実を証明して下さい。それはなぜですか。

6．感謝と信仰の関係について説明して下さい。
7．なぜ、そしてどのようにすべてのものはそのままで良いのでしょうか。

第8章

1．思考する本質（神）に、伝えるために一番重要なことは何ですか。
2．夢想家と科学的にイメージを用いる人の違いは何ですか。
3．イメージを科学的に使うということについて、あなたの意見を書いて下さい。
4．あなたは確信と決意を持って働いていますか。

第9章

1．あなたの意思の力を他人に対して用いる権利がないのはなぜか、あなたの言葉で説明して下さい。
2．あなたは意思の力を用いて、欲しいものをむりやり自分のところへ引き寄せることができますか。もしできないとすれば、それはなぜでしょうか。

3. あなたは自分が考えたいように考え、その考えを持ち続けることはできますか。もし、できないとしたら、何が邪魔するのでしょうか。

4. どうすれば無形の本質（宇宙）へ前向きな思いを送れますか。またどういう時に後ろ向きの思いを送ってしまいますか。

5. 貧困についてあなたはどのような態度をとるべきでしょうか。

第10章

1. あなたの過去の問題を他人に打ちあけることは望ましいことでしょうか。

2. 正しいものに注意を向けるための、意思の使い方について説明して下さい。

第11章

1. 思考するだけで行動がなければ、豊かさを引き寄せることができないのはどうしてですか。
2. あなたが誤った業種や、誤った職場にいる時、しなければならないことは何ですか。
3. 雇われている者は、どのようにすれば、今よりももっと良い仕事に移ることができますか。

第12章

1. あなたは毎日、どのように働くべきですか。それはどうしてですか。
2. 進化を起こすものは何でしょうか。
3. 一つひとつの行動を効率的にするためにはどのようにしたらよいのでしょうか。
4. あなたは今、効率的に働いていると思いますか。もし、そう思えなければそれはどうしてですか。
5. 第12章ではビジョンに関して、どのように言っていますか。

第13章

1．もしあなたに特定の仕事をするための才能があったとしたら、あなたはどうすべきでしょうか。
2．あなたの才能は、道具のようなものであるとはどういうことでしょうか。
3．欲求とは何でしょうか。何かをしたいという欲求があるということは、あなたにそれができるということを証明していると思いますか。
4．あせって行動したくなった時、あなたはどうすべきでしょうか。

第14章

1．なぜ、すべての人々の欲求は増えてゆくのですか。
2．他人に対してどのようなことを伝えてゆけばいいのでしょうか。
3．人はどのような誘惑に陥りやすいでしょうか。あなたはどれぐらい権力が欲しいですか。どうして権力が欲しいのですか。

第15章

1．医者、教師、牧師など専門職にたずさわる人は、人々にどんな印象を与えるべきでしょうか。
2．出世の可能性のない職場で働いている賃金労働者はどうすべきでしょうか。
3．何千人もの雇用者が、「確実な方法」で行動を始めたら、その会社はどうなるでしょうか。

第16章

1．どんな政府も、国民を貧困のままにとどめておくことができないのはどうしてですか。
2．大衆を経済的に救済するものは何でしょうか。

3. 将来起こるかもしれない不測の事態や障害に対する対処計画をたてておくのはどうでしょうか。
4. 先のことを心配しなくてもよいという科学的根拠は何ですか。
5. 期待した時に、あなたの欲しいものが実現しなかったら、あなたはどうしますか。
6. あなたの能力以上に見える仕事に対してあなたはどうしますか。

第17章

1. あなたの言葉で、豊かになる科学の要点を書いて下さい。

訳者あとがき

本書 “*The Science of Getting Rich*” を訳し終って、その内容に、深く感動しました。この本が百年も前に書かれていることは驚きですが、現代にまで読み継がれているのもうなずけました。

本書はすでに、いろいろな翻訳によって紹介されてきていますが、私たち訳者としてはなるべく原文に忠実に訳すことを心がけました。百年も前に書かれたものなので、その後文明は大幅に発展し、社会環境は変わっているのに、なぜか現代社会にも通じるところがあって、著者の見識の高さに驚かされます。

今読んでみても、学ぶところは沢山あります。著者の言うように、ぜひ何回も読んで、その内容を十分に把握し、実生活に役立てていただきたいと思います。

競争原理で生きるのではなく、創造性を使うこと、思考と行動を一致させること、決意と確信と信念と前向きな姿勢を持ち、感謝の心を持つこと、今やっていることを心をこめて完全にすること、全ての人々に豊かな人生を与え、誰からも奪わないこと等本当にそのとおりだと思いながら訳させていただきました。

お金持ちになることは決して悪いことではない、人間の本来的な権利であり、神もそれを望んでおられるのだ、というところは、よく納得できるような気がしました。本文中、何々しなければなりません、とたたみかけるように書いてあるので、少々、圧倒されますが、それはきっと読者の心に深くきざまれるよう繰り返しているのだと思います。本書はこれまでも多くの人々の意識の改革に貢献してきました。どうか、この本のエネルギーを受けとって、自分の力を思う存分発揮して、自分の能力を世界のために十二分に発揮していただきたいと思います。

本書の作者、ウォレス・ワトルズは一八六〇年、アメリカに生まれました。南北戦争の直前に生まれています。当時の社会はとても貧しい人が多く、彼自身も貧しかったそうです。彼はいろいろな仕事につきましたが、若かった時には失敗が多かったそうです。そこでどうしたら人生がうまくゆくかとさぐるために宗教や哲学を勉強しました。聖書をはじめとし、デカルト、スピノザ、ライプニッツ、ショーペンハウエル、ヘーゲル、スエーデンボルグ、エマーソンなどを学び、その中から成功哲学を学びとりました。そして、その学びを自分自身が実際に実行してみて、本当に効果があることを証明したのです。本書が書かれたのが一九一〇年です。彼はその翌年一九一一年惜しくも五十一歳の若さで亡くなりました。体があまり丈夫ではなかったのです。しかし、彼の著作はその後も連綿と読み継がれてきました。

「ザ・シークレット」の作者、ロンダ・バーンも、本書を読んでインスピレーションを得たと、「ニューズウィーク」のインタビューで語っています。

最後にこの本を翻訳するにあたり、いろいろ貴重な助言をしてくださった角川書店の菅原哲也さん、美しい装丁をしてくださったバッファロー・ジムの永松大剛さんに心から感謝したいと思います。

二〇〇七年十二月

山川紘矢・山川亜希子

富《とみ》を「引《ひ》き寄《よ》せる」科《か》学《がく》的《てき》法《ほう》則《そく》

ウォレス・ワトルズ

山川紘矢《やまかわこうや》＋山川亜希子《やまかわあきこ》＝訳

角川文庫 14968

平成二十年一月一日　初版発行
平成二十年四月十五日　四版発行
発行者―井上伸一郎
発行所―株式会社角川書店
東京都千代田区富士見二―十三―三
電話・編集　(〇三)三二三八―八五五五
〒一〇二―八〇七八
発売元―株式会社角川グループパブリッシング
東京都千代田区富士見二―十三―三
電話・営業　(〇三)三二三八―八五二一
〒一〇二―八一七七
http://www.kadokawa.co.jp
印刷所―暁印刷　製本所―本間製本
装幀者―杉浦康平

落丁・乱丁本は角川グループ受注センター読者係にお送りください。送料は小社負担でお取り替えいたします。

定価はカバーに明記してあります。

Printed in Japan

ワ 5-1　　ISBN978-4-04-297201-3　C0198

角川文庫発刊に際して

角川源義

第二次世界大戦の敗北は、軍事力の敗北であった以上に、私たちの若い文化力の敗退であった。私たちの文化が戦争に対して如何に無力であり、単なるあだ花に過ぎなかったかを、私たちは身を以て体験し痛感した。西洋近代文化の摂取にとって、明治以後八十年の歳月は決して短かすぎたとは言えない。にもかかわらず、近代文化の伝統を確立し、自由な批判と柔軟な良識に富む文化層として自らを形成することに私たちは失敗して来た。そしてこれは、各層への文化の普及滲透を任務とする出版人の責任でもあった。

一九四五年以来、私たちは再び振出しに戻り、第一歩から踏み出すことを余儀なくされた。これは大きな不幸ではあるが、反面、これまでの混沌・未熟・歪曲の中にあった我が国の文化に秩序と確たる基礎を齎らすためには絶好の機会でもある。角川書店は、このような祖国の文化的危機にあたり、微力をも顧みず再建の礎石たるべき抱負と決意とをもって出発したが、ここに創立以来の念願を果すべく角川文庫を発刊する。これまで刊行されたあらゆる全集叢書文庫類の長所と短所とを検討し、古今東西の不朽の典籍を、良心的編集のもとに、廉価に、そして書架にふさわしい美本として、多くのひとびとに提供しようとする。しかし私たちは徒らに百科全書的な知識のジレッタントを作ることを目的とせず、あくまで祖国の文化に秩序と再建への道を示し、この文庫を角川書店の栄ある事業として、今後永久に継続発展せしめ、学芸と教養との殿堂として大成せんことを期したい。多くの読書子の愛情ある忠言と支持とによって、この希望と抱負とを完遂せしめられんことを願う。

一九四九年五月三日

角川文庫海外作品

ホット・ロック
ドナルド・E・ウエストレイク
平井イサク＝訳

出所早々、盗みの天才ドートマンダーに国連大使から大エメラルドを盗む話が舞い込む。不運な泥棒ドートマンダーの珍妙で痛快なミステリー。

強盗プロフェッショナル
ドナルド・E・ウエストレイク
渡辺栄一郎＝訳

盗みの天才ドートマンダーの今度のやまは、トレーラーで仮営業中の銀行をそっくりそのまま盗むというもの。かくして銀行は手に入ったが……。

タイムマシン
H・G・ウェルズ
石川　年＝訳

タイム・トラベラーが冬の晩、暖炉を前に語りだしたことは、巧妙な嘘か、いまだ覚めやらぬ夢か。「私は80万年後の未来世界から帰ってきた……」

蟻の革命
ウェルベル・コレクションIII
ベルナール・ウェルベル
永田千奈＝訳

前代未聞の殺人アリ裁判が厳かに開廷された。社会を揺るがす衝撃の結末とは！　幻の名作と呼ばれていた待望のシリーズ完結編がついに登場！

十五少年漂流記
ヴェルヌ
石川　湧＝訳

「どんなに危険な状態におちいっても、秩序と熱心と勇気とをもってすれば、きりぬけられないことはない」少年達のための冒険物語の名作。

八十日間世界一周
ヴェルヌ
江口　清＝訳

友人との賭けで八十日間で世界を一周することになったフォッグ氏が、あらゆる手段と乗物で旅をする、手に汗握る奇想天外な物語。

海底二万海里
ヴェルヌ
花輪莞爾＝訳

海上に出現した未知の巨大生物を探るため、科学を駆使した潜水艇ノーチラス号で冒険航海に出帆する、スリルと感動に満ちた海洋冒険小説の傑作。

角川文庫海外作品

角川文庫海外作品

角川文庫海外作品

リプリー
パトリシア・ハイスミス
青田　勝＝訳
金持ちの放蕩息子ディッキーを羨望するトムは、あるとき自分と彼の酷似点に気づき、完全犯罪を計画する。サスペンスの巨匠ハイスミスの代表作。

ペイ・フォワード
キャサリン・R・ハイド
法村里絵＝訳
12歳の少年が思い着いた単純なアイデアが、本当に世界を変えてしまう奇跡――世界中の人々が涙にむせた、感動の映画原作。

ジャッカルの日
F・フォーサイス
篠原　慎＝訳
ジャッカル――プロの暗殺屋であること以外、本名も年齢も不明。標的はドゴール大統領。計画実行日〝ジャッカルの日〟は刻々と迫る！

オデッサ・ファイル
F・フォーサイス
篠原　慎＝訳
オデッサ――元ナチスSS隊員の救済を目的とする秘密地下組織――の存在を知った一記者がこの悪魔の組織に単身挑む！　戦慄の追跡行。

神の拳(上)(下)
F・フォーサイス
篠原　慎＝訳
ついに独裁者は最終兵器を完成させた。褐色の英国人将校は、独りバグダッドに潜入する！　湾岸戦争をテーマに描く、最大級スリラー。

イコン(上)(下)
F・フォーサイス
篠原　慎＝訳
混迷するロシアに彗星のごとく現れた、カリスマ政治家コマロフ。だが、彼の恐るべき目論見を英情報部は見逃さなかった……超大型スリラー！

マンハッタンの怪人
F・フォーサイス
篠原　慎＝訳
その醜い容姿ゆえ愛を知らなかった男が、オペラ座の歌姫に生涯一度の恋をし、惨劇は起こった。そして十三年後。二人の愛の秘密が明かされる！

角川文庫海外作品

戦士たちの挽歌

F・フォーサイス
篠原　慎＝訳

ロンドンで足の悪い老人が襲われ死亡した。犯人は直ちに捕まり、誰もが有罪確実とみていたのだが……。結末の妙が存分に楽しめる全三編。

囮たちの掟

F・フォーサイス
篠原　慎＝訳

バンコク発ロンドン行きの機内で繰り広げられる麻薬組織とMI5の闘いを描く「囮たちの掟」他一編を収録。物語の真髄を極めた至高の短編集。

ダ・ヴィンチ・コード(上)

ダン・ブラウン
越前敏弥＝訳

ルーヴル美術館館長が死体となって発見された。殺害当夜、館長と会う約束をしていたハーヴァード大教授ラングドンは、捜査協力を求められる。

ダ・ヴィンチ・コード(中)

ダン・ブラウン
越前敏弥＝訳

現場に駆けつけた、館長の孫娘でもある暗号解読官ソフィーは、一目で祖父が自分だけにしか分からない暗号を残していることに気づく……。

ダ・ヴィンチ・コード(下)

ダン・ブラウン
越前敏弥＝訳

暗号を解き進む二人の前に現れたのは、ダ・ヴィンチが英知の限りを尽くして暗号を描き込んだ絵画〈最後の晩餐〉だった！

ペギー・スー
i 魔法の瞳をもつ少女

セルジュ・ブリュソロ
金子ゆき子＝訳

魔法の瞳でお化けを退治する14歳の少女ペギー・スー。誰にも知られず孤独に苦労を重ねて戦い続ける、痛快ヒロイン・ファンタジー登場！

ペギー・スー
ii 蜃気楼の国へ飛ぶ

セルジュ・ブリュソロ
金子ゆき子＝訳

砂漠の孤独に耐えられない人々が、不気味な蜃気楼に消えてゆく危険な町。ペギーと相棒・青い犬が人助けを開始する、冒険ファンタジー第二弾！

角川文庫海外作品

ペギー・スー iii 幸福を運ぶ魔法の蝶
セルジュ・ブリュソロ 金子ゆき子＝訳
通称〈魔女〉のペギーの祖母が住む村に伝わる、幸福を運ぶ巨大な蝶が瀕死の危機!? 雲の上から地底の国へ、大波乱の冒険に。ペギーの活躍第三弾！

ペギー・スー iv 魔法にかけられた動物園
セルジュ・ブリュソロ 金子ゆき子＝訳
砂に変えられた恋人セバスチャンの魔法を解くためにやってきた湖の町で、宇宙から呼び寄せられた怪物たちと大戦争!? 生死をかけた第四弾！

ペギー・スー v 黒い城の恐ろしい謎
セルジュ・ブリュソロ 金子ゆき子＝訳
再びセバスチャンの魔法を解く鍵を探し、奇妙な村〈黒い城〉に辿り着いたペギーたち、骸骨ドクターに身体を切り刻まれる!? 恐怖の第五弾！

ペギー・スー vi 宇宙の果ての惑星怪物
セルジュ・ブリュソロ 金子ゆき子＝訳
数々の冒険を経て成長したペギーたちが、ついに時空を超えて人助けにやってきた！ 巨大なタコ足怪物と対決する、スケール倍増の第六弾！

新訳 アーサー王物語
トマス・ブルフィンチ 大久保 博＝訳
六世紀頃の英国。国王アーサーや騎士たちが繰り広げる、冒険と恋愛ロマンス。そして魔法使いたちが引き起こす不思議な出来事…。

完訳 ギリシア・ローマ神話 (上)(下)
トマス・ブルフィンチ 大久保 博＝訳
ギリシア、ヨーロッパはさまざまな神話や伝説の宝庫である。ギリシア・ローマ・北欧の神話を親しみやすく紹介し、〝伝説の時代〟を興味深く語る。

アイ・アム・デビッド
アネ・ホルム 雨海弘美＝訳
物心ついた頃から収容所で育った十二歳の少年が自由を求めて脱走する。一人ぼっちで歩き続ける少年の過酷な旅路を描く愛と感動のベストセラー。

角川文庫海外作品

東京アンダーワールド
ロバート・ホワイティング
松井みどり＝訳
東京のマフィア・ボスと呼ばれた男の生涯が明らかにする、日本のアンダーワールド。政府と犯罪組織の深い絆、闇のニッポンの姿がここにある！

ホルクロフトの盟約（上・下）
ロバート・ラドラム
山本光伸＝訳
第三帝国の黒幕たちが秘匿した七億八千万ドル。戦後三十年を経てはじめて遺産の凍結が解かれる日、歴史の闇に眠り続けた壮大な陰謀が動き出す！

マタレーズ暗殺集団（上・下）
ロバート・ラドラム
篠原　慎＝訳
各国政府の依頼を受け、世界の歴史を変えてきた闇の暗殺組織「マタレーズ」。彼らがついに独自の活動を始めた！　首謀者の正体は？

マタレーズ最終戦争（上・下）
ロバート・ラドラム
篠原　慎＝訳
壊滅したはずのマタレーズが復活した！　野望を阻止すべく、CIA工作員プライスと元工作員スコフィールドは、巨大組織に立ち向かう！

秘密組織カヴァート・ワンI
冥界からの殺戮者
ロバート・ラドラム
ゲイル・リンズ
峯村利哉＝訳
同じ日に別の地域で三人の患者が吐血して死亡した。新種の危険なウィルス発生の可能性を疑い、米陸軍の科学者が調査に乗り出すが……。

罪深き誘惑のマンボ
ジョー・R・ランズデール
鎌田三平＝訳
ゲイの黒人レナードとストレートの白人ハップが、下世話な会話を機関銃のように交わしつつ黒人美女が失踪した南部の町へと乗り込む。

ムーチョ・モージョ
ジョー・R・ランズデール
鎌田三平＝訳
亡くなったレナードの叔父の家から、子どもの骸骨が見つかった。何者かの陰謀を疑うハップとレナードは、警察に頼らず独自の捜査に乗り出すが。

角川文庫海外作品

バッド・チリ
ジョー・R・ランズデール
鎌田三平＝訳
レナードが痴情のもつれで殺人を犯した!? 親友の潔白を証明すべく、ハップが立ち上がるが、謎のチリ・キングが二人を窮地に陥れる――。

人にはススメられない仕事
ジョー・R・ランズデール
鎌田三平＝訳
落ちこぼれ白人ハップとゲイの黒人レナード。二人はハップの恋人ブレットの娘を救出しに、メキシコの売春施設に乗り込むが……。

テキサスの懲りない面々
ジョー・R・ランズデール
鎌田三平＝訳
メキシコ旅行中にトラブルに巻き込まれたハップとレナード。助けてくれた老漁師父娘へ恩返しするため、二人を悩ます悪漢達との対決に乗り出す。

オペラ座の怪人
ガストン・ルルー
長島良三＝訳
華やかなパリ・オペラ座の舞台裏で続発する奇怪な事件、その陰に跳梁する怪しい男……そして運命のその夜、悲劇は起こった！ 不朽の名作。

聖なる予言
ジェームズ・レッドフィールド
山川紘矢＋山川亜希子 訳
ペルーの森林の中に眠っていた古文書には人類の意識変化について九つの知恵が記されていた。世界的ベストセラーとなった魂の冒険の書。

第十の予言
ジェームズ・レッドフィールド
山川紘矢＋山川亜希子 訳
霊的存在としての人類は、なぜ地球上に出現したのか。そしてこれから何処に向かおうとしているのか。世界的ベストセラー『聖なる予言』の続編。

ゲット・ショーティ
エルモア・レナード
高見浩＝訳
最高にクールな悪が泣く子も黙るハリウッドに乗り込んだ。愛すべき悪党を描かせれば天下一品、レナード節が冴えわたる。